QUELQUE CHOSE DE POURRI AU ROYAUME DU FRANÇAIS

Pour Maina.

« Loi n° 49-956 du 16 juillet 1949 sur les publications destinées à la jeunesse, modifiée par la loi n° 2011-525 du 17 mai 2011. »

Collection JUNIOR
ISBN 978-2-36834-006-6

Le QR code en 4e de couverture est activable par smartphone (app. gratuite sur Bookbeo.fr) ou via l'URL : m-locus.fr/quelquechose

LOCUS-SOLUS.FR

QUELQUE CHOSE
DE POURRI
AU ROYAUME DU FRANÇAIS

ROMAN

Texte : TRISTAN PICHARD
Illustrations : NILS JORGENSEN
Couverture : LEMATOU

LOCUS SOLUS

Acte I

Comment j'ai rencontré cette [redacted] *d'Olympe*

A

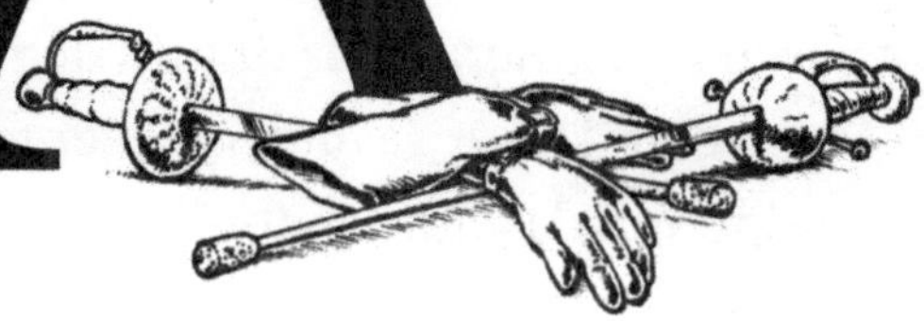

Où mon père m'annonce que je vais faire mon entrée dans le grand monde

Comment j'ai rencontré cette [redacted] d'Olympe ? Je sais, je sais, ça commence mal. Dès le début, au sixième mot. Que faire ? La vulgarité, c'est une histoire de famille. Non seulement, on est comme ça, à dire des jurons à tout bout de champ, mais c'est même notre marque de fabrique, notre gagne-pain, notre image de marque. Si c'était mon père qui racontait cette histoire, il en aurait mis un dès le premier mot. C'est certain. D'ailleurs, ce matin-là, quand il a fait irruption dans la salle d'armes, il ne s'en est pas privé. Je l'entends encore avec sa grosse voix : « [redacted] de [redacted] de [redacted], ça c'est une [redacted] de bonne journée qui s'annonce ! » Quatre jurons dans la même phrase, pas mal, hein ? Un vrai champion.

Maintenant que je suis vieux et que ma situation n'est plus la même, j'ai changé ma manière de causer. Je suis beaucoup moins grossier que dans mes jeunes années. Bien obligé. Autour de moi, on ne supporterait pas que je me laisse aller à parler comme le faisait mon père. D'ailleurs, pour peu qu'un de mes rejetons tombe aujourd'hui sur ce manuscrit, il serait capable de barrer, de raturer, de biffer sans remords tous les mots qu'il n'estimerait pas dignes de moi. Comme si je n'étais pas assez grand pour savoir comment je dois écrire !

Si je prends la plume, confortablement installé sous mon édredon, ce n'est pas pour raconter mes vieux jours. Sans intérêt tout ça, j'en ai peur. Non, mes aventures quand j'avais seize ans sont bien plus amusantes. Comment un jeune homme a manqué de finir dévoré par des chiens, a échappé aux galères royales, a survécu à deux cérémonies de mariage, trois rencontres avec des dragons, une meute de révoltés sanguinaires, un complot machiavélique et quelques duels à l'épée ? Voilà qui est autrement plus palpitant.

Si je disais que je me cache pour écrire, on ne me croirait pas, et pourtant ! Le bon Gaspard ouvre l'œil. Il s'inquiète pour moi, le brave homme. Surtout, il craint que mes enfants ne lui reprochent de me laisser me fatiguer. Ce domestique fidèle, comme ma (trop) nombreuse descendance, ne comprendrait pas que je veille la nuit pour couvrir du papier avec des histoires d'un autre siècle, celui où je suis né.

J'ai caché mon matériel – papier, crayons et écritoire – sous mon lit. J'ai fait le mort jusqu'à ce que ce que Gaspard vienne vérifier que je dormais bien. Une fois que j'ai entendu ses pas s'éloigner dans le couloir, j'ai aussitôt rallumé la chandelle pour me mettre à l'ouvrage.

C'est marrant, je me sens comme un petit garçon qui se cache sous sa couverture pour finir un bon bouquin.

Je n'ai même pas songé à me présenter ! Rattrapons cet oubli : Robinson Tartempion des Jurons, pour vous servir. À l'époque, c'est comme ça qu'on m'appelait. Eh oui, les jurons sont vraiment une histoire de famille. Au point que nous portons ce nom depuis des générations. Une vraie dynastie qui a fait du juron, de l'impolitesse, de la grossièreté sa fierté. On nous apprend des gros mots dès le plus jeune âge. Je me souviens, alors que les autres enfants en étaient encore au « pipi-caca », je n'avais pas deux ans que déjà je babillais des [redacted] et des [redacted] à ma nourrice quand elle me chantait des berceuses... Pour l'immense bonheur de mon père qui voyait en moi le digne héritier de la lignée des chevaliers des Jurons.

Il n'y avait donc rien d'inhabituel à ce qu'il déboule sans crier gare, comme il le fit ce matin-là dans la salle d'armes, en braillant : « [redacted] de [redacted] de [redacted], ça c'est une [redacted] de bonne journée qui s'annonce ! » Il était grossier comme ça tout le temps, dès qu'il ouvrait la bouche. Comme il tient une place importante dans cette histoire (et qu'il y parle sans arrêt), je me suis décidé à adoucir un peu son langage. Mais il faut garder à l'esprit qu'à chaque phrase de lui que je rapporte par la suite, il faudrait ajouter deux, trois, voire quatre jurons pour s'approcher un tant soit peu de la manière dont il parlait vraiment.

Son gros ventre avait donc franchi la porte en premier. Bientôt suivi du reste de sa personne, et donc de son énorme bouche qui avait beuglé: « Saperlipopette de flûte de zut, ça c'est une chouette de bonne journée qui s'annonce! » Des gouttes de sueur perlaient à son front, comme toujours quand il venait de marcher un peu rapidement. Avec José, mon maître d'armes, nous nous entraînions comme chaque matin. Nous avions nos tenues d'escrime, pantalon et plastron épais, et nos épées mouchetées (un simple bouchon de liège piqué sur la pointe pour éviter les accidents). Mon professeur esquiva d'un pas de côté mon attaque et je me retrouvai à basculer en avant, pataugeant comme un canard au sortir de l'eau avant de retrouver mon équilibre. En me redressant, je sentis la lame qui pointait entre mes omoplates.

— [redacted], Papa! Fais gaffe quand tu débarques ici comme un [redacted]!

Oui, j'étais le digne fils de mon père et je ne lésinais pas non plus sur la vulgarité. La pointe métallique exerça une pression plus forte dans mon dos. Même si elle était mouchetée, je crus sentir l'acier me déchirer la peau et me mordis la lèvre pour ne pas pousser un gémissement de douleur.

— Et d'une, je t'ai dit cent fois de ne pas porter tout ton poids sur le pied d'attaque. Et de deux, tu devrais être plus poli quand tu t'adresses à ton père!

José venait de parler d'une voix froide et posée. Avec cet accent inimitable qu'il possède toujours bien qu'il ait vécu bien plus d'années dans notre Royaume du Français que dans le Royaume de l'Espagnol où il est né. À l'époque, nous n'étions pas encore amis. J'étais simplement son élève et lui mon intraitable professeur d'escrime.

— C'est rien, c'est rien, intervint mon père qui s'approchait de nous en s'épongeant le front. Chez nous, on est fier de se faire appeler [redacted] par son fils. Je sais bien que toutes ces [redacted] molles qui se la jouent avec leurs bonnes manières ne peuvent pas percuter ça.

Je sentis la pointe de métal relâcher sa pression alors que José se détournait en soupirant.

— Robinson, Robinson ! continua mon père en se désintéressant complètement du maître d'armes. C'est un grand jour, j'ai réussi l'impossible ! Si ton grand-père était encore là, il réciterait son abécédaire de *Andouille* à *Zob* d'une seule traite.

Je ne l'avais jamais vu dans cet état. Je savais qu'il était allé en ville de bon matin, mais il en revenait le plus souvent en insultant la terre entière plutôt qu'en sautant de joie comme ce jour-là. Enfin, « sauter de joie », c'est une façon de parler. Dans le cas de mon père, « rebondir de joie » conviendrait mieux. Je jetai un regard incrédule à José qui s'était éloigné de quelques pas. Il me renvoya un simple haussement d'épaules alors qu'il déboutonnait son plastron. Il était évident que l'entraînement était terminé pour aujourd'hui.

— Si tu savais, si tu savais ! poursuivit mon paternel en chantonnant presque. Cette baderne m'a regardé pendant des jours et des jours comme si j'étais qu'un glaviot sur le pavé. Mais ce matin, il pouvait plus dire non. C'était le seul moyen pour lui. Le glaviot, je le lui ai fait gober. Et, crois-moi, j'ai dégusté chaque instant ! Je pouvais lire sur sa tronche à quel point ça le rendait malade de devoir avaler ça. Ah !

— Je pige que dalle, dis-je finalement. De qui tu causes ?

— Mais du duc de…, et puis, diantre, peu importe, ça te dirait rien de toute façon. Robinson, Robinson…

M'ayant pris par les épaules, il répéta encore plusieurs fois mon prénom. Je sentais sa bedaine s'écraser contre moi. Mon père n'était pas vraiment du genre à prodiguer des marques de tendresse. Les bisous, les câlins, les cheveux ébouriffés d'une main aimante, tout ça, c'est pas son truc. Alors que ses mains se posaient sur moi, je compris que quelque chose de vraiment important, quelque chose qui allait changer ma vie pour toujours était sur le point de se produire.

— Ça me dirait rien de toute façon ? Alors pourquoi tu viens m'[redacted] alors que je m'entraîne ? Tu fais [redacted] !

— Excusez-moi, monsieur le chevalier, mais je ne peux tolérer ça, intervint José en me foudroyant du regard. Dans mon pays, on respecte ses parents et, durant les cours d'escrime, on respecte son maître d'armes. Quand tu es à l'entraînement avec moi, tu n'utilises pas ce genre de vocabulaire. Est-ce bien clair ?

Tout mon sang avait déserté mon visage pour aller se réfugier dans mon cœur, qui évitait de battre, de peur de se faire remarquer. Mon père rangea son mouchoir dans sa poche. Je vis à sa manière d'ouvrir grand son œil droit alors qu'il fermait presque le gauche que ça allait barder. La mâchoire en avant, il cracha vers José :

— Mon petit bonhomme, je te paie la peau du dos pour apprendre à Robinson à faire le guignol avec une épée, pas pour lui bourrer le mou avec ton code chevaleresque à la mords-moi-le-[redacted] ! Chez nous aussi, on respecte ses parents, et pour les respecter, on les appelle « [redacted] », on leur donne du « tu fais [redacted] » de temps à autre, et c'est comme ça. Si t'es pas content, rien ne t'empêche d'aller ailleurs embrocher des petits jovencelins bien polis !

— Mais, monsieur, je suis la meilleure lame du Royaume de l'Espagnol, siffla José entre ses dents. Je vends mes services, pas mon honneur !

— L'honneur, je m'estriche avec, ricana mon père.

— Le code de l'honneur est ce qui différencie un gentilhomme d'un pourceau, votre fils mérite mieux que de finir le groin dans une auge pleine d'or.

— Tu entends ça, Robinson ? Tu mérites mieux que d'être un pourceau comme ton père, c'est ce que dit ce faubert d'escrimeur. Il croit quoi ? Qu'on te laisse sortir de la porcherie quand tu as le mot « honneur » tatoué sur le front ?

Pour mon paternel, l'honneur ne vaut pas grand-chose. Quand on est de la famille des Jurons, c'est un peu inévitable. Depuis votre plus jeune âge, tout le monde vous considère comme un moins que rien. Quoi que vous fassiez, on pense que vous êtes ignare et imbécile, malpoli et sans éducation.

Je jouais nerveusement avec la mouche de ma lame, enfonçant un peu plus le liège sur la pointe. J'hésitais entre regarder l'un puis l'autre, puis le bout de mes chaussures... puis l'un, puis l'autre. Finalement, un sourire se découpa sous la fine moustache noire de José.

— Un homme qui n'a que son épée à vendre doit le respect à celui qui le nourrit. C'est une question d'honneur, dit José en appuyant sur les mots.

Il tourna les talons et s'éloigna d'un air dédaigneux.

— Bah ! souffla mon père en chassant l'air devant lui comme si une mouche l'incommodait. Robinson, poursuivit-il, je voulais pas que t'ailles à la cour du roi, que tu voies tous ces [redacted] qui vomissent notre richesse. Je t'ai protégé, Robinson, parce que ce sont vraiment des...

Il fit une pause comme s'il cherchait une insulte assez atroce pour les qualifier. C'était la première fois que je voyais mon père chercher ses gros mots, il n'était jamais à court d'habitude. Mais il se contenta de souffler dans un soupir :

— ... des gens méchants.

Le fait que lui, Riton, chevalier des Jurons, prononce ces simples mots plutôt qu'une de ses habituelles vulgarités me fit l'effet d'une douche glacée.

— Tout ça, c'est fini, conclut-il. Il est temps pour toi de voir un peu à quoi ressemble la cour. Nous irons dès demain nous moucher un bon coup dans la soie. Une visite au château du roi s'impose.

En entendant ces dernière paroles, je l'avoue, j'ai eu peur.

Où je découvre la ville de Senonces et les perruques qui grattent

Quand mon ancêtre, Aaron, reçut le titre de chevalier des Jurons – qu'il allait transmettre à son fils, qui lui-même allait le transmettre à son fils, et ainsi de suite jusqu'à moi –, on lui donna aussi un domaine. C'est la coutume. Déjà, le titre de chevalier est le plus nul qu'on puisse imaginer. Tout en haut, il y a le roi. Ensuite viennent les ducs, les marquises et autres comtes. Puis encore, les vicomtes, barons et baronnets. Et tout en bas, tout en bas, les presque rien, les chevaliers. Mais ce n'était pas suffisant : pour bien montrer que ce titre nous était attribué à contrecœur, on donna à mon ancêtre un misérable bout de terrain. Un [redacted]-de-sac minuscule, encadré par des falaises où personne ne va, où rien ne pousse, où la lumière du soleil ne donne jamais. Même le pire des bouseux possédait plus qu'Aaron, premier chevalier des Jurons.

Mon père n'avait pas tort de se sentir mal aimé, c'est certain. Nous étions vraiment considérés comme les pires des pires.

Seulement, si notre famille manquait de place, de visiteurs et de soleil, elle ne manquait pas de richesses. De l'or, oui, nous en avions. Des tas. Les jurons sont parmi les mots les plus utilisés, et à chaque fois que quelque part, quelqu'un a le bonheur d'en prononcer un : cling ! c'est de l'or pour nous.

Ça fonctionne comme ça au Royaume du Français : chaque lignée noble a droit à son petit quelque chose. Quelqu'un dit qu'il va *sortir dehors* et c'est un peu de sous pour le vicomte du Pléonasme. L'autre réagit par un *Ah ! ça ne se dit pas !* et c'est une pièce pour la famille de l'Exclamation. Le premier répond par un *Encore eût-il fallu que je le susse*, et c'est le duc de l'Imparfait du Subjonctif qui s'enrichit. Le second rétorque par *Il vaut mieux entendre ces propos inappropriés que d'être malentendant*, et c'est le comte de la Langue de Bois qui se goinfre. Le roi prélève sur toute parole prononcée (ou écrite) des impôts qu'il redistribue ensuite aux aristocrates concernés. On appelle ça les royalties. L'impôt qu'on appelle la taille est prélevé pour les conjugaisons, la gabelle pour les figures de style, la dîme pour les ponctuations, et ainsi de suite... Ce n'est pas les taxes, les redevances et les contributions qui manquent.

Pour nous, ce sont donc les jurons qui rapportent : cling ! Et comme tout le monde en dit tout le temps : cling, cling, cling ! Une vraie fortune.

Nous étions alors proches de la fin du très (trop) long règne d'Alexandre I. Dire qu'il était à cette époque dans la force de l'âge ferait trop plaisir à la marquise de l'Euphémisme.

En réalité, c'était un vieillard, qui avait vidé consciencieusement les caisses du pays. Il avait dépensé sans compter pour construire d'un côté son palais de Dupailles, et pour détruire de l'autre les Royaumes voisins du Hollandais, de l'Anglais et de l'Espagnol. Travaux et guerres interminables qui l'avaient obligé à augmenter toujours plus les impôts.

Heureusement pour lui, Sa Majesté était le représentant du Français sur terre. On ne contredit pas comme ça l'intermédiaire entre les hommes et la Très Sainte Langue ! Et si jamais l'idée vous prenait de le faire, l'armée royale était là pour vous en dissuader, pour vous mettre en prison au besoin, pour vous couper en deux (la tête d'un côté, le corps de l'autre) si nécessaire.

Malgré le bout de terre déplorable qu'on leur avait accordé, les chevaliers des Jurons ne cessèrent d'améliorer leur domaine. Ils ne pouvaient pas agrandir le terrain, ils ne pouvaient pas forcer les voyageurs à passer par là, et encore moins le soleil à y briller, mais ils pouvaient creuser le sol. À présent, une véritable gentilhommière s'étendait sous la terre. Et cette gentilhommière, c'était chez moi.

Ma chambre était taillée dans la roche, les murs décorés de tentures hors de prix, le sol couvert de luxueux tapis. Par de multiples tunnels, je pouvais aussi bien me rendre dans la vaste salle d'armes où je m'entraînais chaque jour avec José, que gagner la grande bibliothèque où ma famille accumulait des ouvrages précieux. Le monde souterrain était le seul que je connaissais. Il me paraissait normal de vivre à la lumière des torches et des bougies, d'avoir des tapisseries au mur plutôt que des fenêtres ouvertes. Je ne réalisais pas à l'époque ce que le domaine des Jurons avait de hors norme. Pour moi, tout cela allait de soi. Je n'avais rien connu d'autre.

Pour autant je n'étais pas un ignare. Mon père avait embauché les meilleurs professeurs. José s'occupait de m'apprendre l'escrime, d'autres se chargeaient de mon éducation en grammaire, en latin et en grec, en linguistique, en phonétique et en conjugaison, en syntaxe et en étymologie. Toutes les disciplines qu'on enseigne habituellement aux jeunes gens de bonne famille, en somme. On m'enseignait aussi des matières moins importantes comme l'histoire ou l'astronomie. Je n'avais quasiment jamais mis le nez dehors, mais j'aurais su reconnaître les constellations si j'avais vu un ciel étoilé.

Ce domaine, où j'étais très heureux, j'allais donc devoir le quitter pour la première fois. Je ne peux pas dire que cela me faisait plaisir. Surtout que je n'allais pas en balade à la campagne mais en ville, au palais du roi. Pour moi, cet endroit était l'enfer sur terre. J'avais vu mille fois mon père en revenir pestant de rage, maudissant tous les gens qu'il avait pu y croiser. Il ne cessait de me répéter à quel point ils nous détestaient tous. Nous, les Jurons, si vulgaires... et si riches. Leur haine se nourrissait du dégoût qu'ils ressentaient à notre façon de parler et de la jalousie qu'ils avaient pour notre fortune. Et moi, j'allais devoir me rendre là-bas !

— Mets plus de broderie, fichtre ! Je ne te paie pas pour faire un costard de larbin ! tonnait mon père tandis que le tailleur, le lendemain matin, préparait mon nouveau costume.

Le petit homme tournait autour de moi, prenait une mesure, tournait à nouveau, disposait un tissu sur mon épaule, se reculait d'un pas pour juger si sa couleur allait à mon teint blême (n'étant que très rarement exposé au soleil, j'avais le visage particulièrement pâle).

— Et cette couture, palsambleu ! Mets du fil d'or ! Et cette perruque, ça manque de volume.

— La mode des hautes perruques est passée, monseigneur.

— Tu sais où tu peux te la chiffonner, ta perruque ? Mets une perruque à la mode, mais plus grande.

— Pourquoi pas plusieurs l'une sur l'autre ? ironisa le tailleur.

— Très bonne idée ! s'enthousiasma mon père. La mode, on va la créer. C'est ton boulot, non ? T'es pas si ahuri que t'en as l'air, finalement. Tu verras, bientôt tout le monde portera quatre ou cinq perruques l'une sur l'autre. On dira porter perruque *à la Robinson*... et puis, ça coûtera un paquet de fric, seuls les mecs comme nous pourront porter perruque *à la Robinson*. Ça aura une de ces classes !

— Mais, chevalier, on ne peut porter deux perruques l'une sur l'autre. Cela manque de maintien, la première entraîne la seconde et on se retrouverait tête nue. Puis-je vous suggérer quelque chose d'un peu plus dépouillé ? essaya le tailleur avec un air pincé.

Le pauvre couturier n'avait pas l'habitude d'être traité de la sorte. Sans une bourse bien remplie que mon père lui avait donnée, il n'aurait jamais accepté de quitter son atelier pour se rendre si loin de la ville et confectionner un costume pour la famille la plus mal vue de la cour. De toute façon, sans une bourse bien pleine, il n'aurait même pas accepté d'être tutoyé. Mon père ne s'en privait jamais. En même temps, quand on connaît un peu le vicomte du Vouvoiement (ennuyeux, guindé, sinistre), on préfère faire gagner quelques sous à ce bon vieux baronnet du Tutoiement (franc, simple, chaleureux).

— Tu te fiches de moi ? « Un peu plus dépouillé, un peu plus dépouillé... », reprit mon père en imitant le ton maniéré du petit monsieur. Je veux de l'or, du rouge, du qui pète, du qu'on voit de loin, du qui fait cher ! Ne lésine pas, et double la note s'il le faut.

— Euh..., papa, c'est vraiment obligé, ces rubans et ces fanfreluches débiles ? Ça brille tellement, j'ai mal aux yeux.

— Mon fils, quand tu portes un nom aussi détesté que le nôtre, la seule chose qui te reste pour les faire baver, c'est ta fortune. T'ajouteras des plumes à son chapeau, ordonna-t-il au tailleur, qui soupira de consternation.

-AZ-

Le lendemain, vêtu de mon coûteux costume, je m'apprêtai à quitter mon nid douillet pour ce premier vol dans le grand monde. J'étais comme un oisillon à qui on a tout appris, de A comme *Adjectif* à Z comme *Zeugma*. Tout appris, sauf à voler.

Mon père n'avait cédé sur rien et mes vêtements auraient pu être fondus en lingot d'or. Il n'y avait que sur la perruque qu'il avait lâché du lest. Je n'en portais donc qu'une, et elle était assez discrète. Ça ne l'empêchait pas de me démanger atrocement.

De l'extérieur, le domaine des Jurons se limitait à une simple écurie à deux grands battants de bois qui s'ouvraient sur le tunnel principal de notre palais souterrain. Pour le voyageur égaré qui serait venu jusque-là, on aurait dit la gueule noire d'un monstre exhalant toutes les grossièretés du monde. Ces sales mots pour lesquels les gens bien se bouchent les oreilles, ces horribles syllabes pour lesquelles les enfants se font gronder par leurs parents, ces atrocités du langage, on aurait dit qu'elles venaient tout droit de sous la terre pour sortir par cette large porte et polluer le beau langage.

Pour moi, ce passage ne voulait pas dire la même chose. C'était l'entrée de mon foyer, de ma maison, de mon chez-moi. C'est ce qu'il y avait dehors qui était inquiétant, et dont je me méfiais. Notre cocher avait apprêté le carrosse, mon père s'installa. Je restai admiratif en le voyant faire passer son imposante bedaine par la portière étroite. Je le suivis et m'assis sur la banquette qui lui faisait face. L'attelage se mit en branle. Il était encore tôt, et le soleil n'était pas très haut, mais je clignai des yeux plusieurs fois, ébloui par la lumière. Là, dehors, le ciel bleu était infini, les champs de part et d'autre étaient plus vastes que la plus vaste des salles de notre palais souterrain. Je le savais pour l'avoir lu dans des livres : le monde est immense. Pour la première fois, je voyais à quel point c'était vrai.

Bientôt, les premières maisons apparurent, nous approchions de la ville. J'admirai les hauts et puissants remparts qui couraient à travers les faubourgs et que nous allions devoir franchir. On dit qu'ils offrent une protection sans faille à la cité, qu'une poignée d'hommes pourrait y tenir tête à une armée. Notre carrosse s'engouffra par une des larges portes de cette forteresse. Le martèlement sourd des sabots devint plus sonore une fois arrivés sur le pavé. Nous étions à présent dans Senonces, la capitale du Royaume du Français, la plus grande ville du pays. La plus grande ville du monde.

Mon père, assis en face de moi, caressait le pommeau d'or de sa canne. Un large sourire éclairait son visage. Depuis la veille, où il avait fait son entrée fracassante dans la salle d'armes, il ne m'avait pas donné plus de précisions sur les raisons de ce voyage. « J'ai réussi l'impossible », avait-il dit. Mais quel *impossible* ?

Nous approchions à présent du centre de la cité et les bâtiments étaient tous plus beaux les uns que les autres. Il leur poussait des étages et des colombages bariolés. Moi qui avais l'habitude des galeries souterraines et des tunnels, voir ces ponts, ces remparts, ces immenses maisons de pierre et de bois était le plus merveilleux des spectacles.

Plus encore que par l'architecture, j'étais émerveillé par les gens. Quelle animation ! Des bonnes femmes, des bonshommes, des marmots, des bestioles, des attelages en tous sens. Des cris, du bruit, des hennissements, des chants frappaient mes oreilles ; des parfums inconnus, comme des puanteurs nouvelles, assaillaient tour à tour mes narines. Je restais bouche bée, à chaque coin de rue c'était une foule nouvelle à admirer. Je tentais de passer en revue chaque visage. Un, deux, trois, dix, vingt, c'était impossible. J'étais submergé.

Et il y eut le premier regard. Le premier regard inconnu croisé à l'extérieur du domaine familial. Une femme. Elle était assise contre un mur, des traces sombres sur son visage maigre, un tissu taché sur ses genoux repliés. J'ai senti sa haine entrer en moi comme la pointe d'une épée. Pour elle, avec mon carrosse doré et mon beau costume, je n'étais qu'un gosse de riche. Elle me détestait par principe. La terre ne se porterait que mieux si moi, et tous ceux de mon espèce, venions à disparaître.

Je détournai les yeux, blessé. Mon père n'avait pas perdu son sourire, simplement il hocha les épaules comme pour dire : « Que veux-tu, c'est comme ça... »

— Ils nous boufferaient s'ils le pouvaient. Et ils ont raison. Si j'étais comme eux, les pieds dans la mouise, j'aurais envie de me morfaler tous les jean-foutre de la haute qui, eux, se tiennent les arpions au chaud dans leurs pantoufles de vair.

Je restai là, l'estomac noué, sur ma banquette de velours rouge. J'aurais donné mon costume, la plume de mon chapeau et chaque bouton de nacre de mon gilet pour me trouver avec José, en tenue d'escrime, à croiser le fer.

Je tentai un nouveau coup d'œil à l'extérieur. Je remarquai des détails qui ne m'avaient d'abord pas frappé : cet homme dont les vêtements étaient troués, cette femme si maigre qu'elle peinait à tenir debout, ce petit garçon avec ses pieds nus dans la boue qui portait une écuelle devant lui en espérant quelques pièces. Puis mon regard tomba sur un groupe d'hommes armés de mousquets et d'épées. Ils portaient le fameux bonnet vert et or en forme de A. Des dragons, le corps d'élite de l'armée du roi. On racontait beaucoup de choses sur eux. De terribles choses. Même moi du fond de mon trou, j'avais entendu parler de leurs exploits. Leur rôle n'était pas de faire la guerre aux frontières du royaume, mais de pourchasser les ennemis de la Langue à l'intérieur même du pays.

On les disait sans pitié, violents et cruels. Trois lavandières qui portaient de lourds paniers de linge pressèrent le pas pour éviter de les croiser. Elles ressemblaient à des poules dodues s'enfuyant devant le chien dans la basse-cour.

— Nous y voici, lâcha mon père en m'interrompant dans mes réflexions. Le château de Dupailles, le palais du roi.

Les larges fenêtres du bâtiment que nous longions ne cessaient de défiler à notre passage. Des dizaines de fenêtres. Notre carrosse fit son entrée sur l'esplanade, devant la porte principale du palais.

— Ce matin, tu fais que regarder. Je veux que tu te fasses une idée de la vie à la cour et du genre de mirliflores qui y gobent les mouches à longueur de journée. Observe bien, méfie-toi de tout le monde, et surtout tu la boucles ! Tu restes avec moi et tout se passera bien.

Je hochai la tête. La boucler ? j'étais si nerveux que je n'aurais pu parler sans bafouiller, de toute façon. Un cavalier passa à notre hauteur. Ses vêtements possédaient moins de broderies que les miens, mais pour autant sa mise était bien plus élégante. La honte m'envahit soudain d'avoir un accoutrement aussi clinquant. L'homme me lança d'abord un regard étonné... puis dégoûté quand il remarqua les armoiries des Jurons sur la porte du carrosse. Sa haine me frappa aussi durement que celle de la pauvre femme dans la rue quelques minutes plus tôt. C'était la deuxième personne avec qui j'échangeais un regard depuis notre départ, et il était aussi venimeux que le premier. Il me détestait, lui aussi, par principe.

— Il va falloir t'habituer, Robinson, nous sommes à la cour

à présent, dit mon père en adressant un sourire exagéré au cavalier. Salue donc ce monsieur, qu'il puisse admirer tes boutons de manchette.

Où mon père se remplit les poches

Mon père descendit du carrosse et resta un instant à contempler la cour d'honneur où allaient et venaient laquais, fonctionnaires de l'administration royale et aristocrates de tout poil. Son sourire se modifia légèrement. Il passa sa langue sur ses dents comme un goinfre devant un gâteau à la crème. Il caressa sa bedaine en soupirant de plaisir.

— Commençons par le hors-d'œuvre. On va frapper à la porte du Trésor royal et s'empiffrer jusqu'à plus soif ! tonna-t-il en se dirigeant vers une des entrées. Aujourd'hui, c'est jour de paie. Tous les aristos viennent chercher leurs royalties. Tu vas voir qu'on n'est pas les plus mal lotis.

J'étais habitué aux tunnels de notre domaine et, malgré tout l'or dépensé par ma famille pour en faire un endroit confortable, je m'émerveillais devant les richesses du château de

Dupailles. Les hautes fenêtres, en particulier, m'impressionnaient. Toute cette lumière qui jouait à travers les colonnades, les lustres et les miroirs. Un vrai feu d'artifice !

Alors que nous montions un large escalier, notre chemin croisa celui d'un gentilhomme à la mine fatiguée. Il portait une perruque de couleur paille qui lui tombait sur les épaules comme deux oreilles pendantes. On aurait dit un chien dépenaillé. Ses yeux étaient cernés de noir – je ne compris pas immédiatement qu'il s'agissait de maquillage – et le col de sa chemise était ouvert.

— Oh ! mais ça ! Ce gros limaçon de Riton des Jurons ! s'exclama-t-il. Et qui donc est ce garçon derrière vous aperçu ? Ôtez-moi d'un soupçon, votre fils ?

— Et qui veux-tu que ce soit ? souffla mon père, que la première moitié des marches avait éreinté. Robinson, je te présente François, vicomte de la Cédille. François, Robinson.

— Enchanté. Première visite derrière les façades de Dupailles ? Tu ne seras pas déçu, ça non !

— On monte faire le plein au Trésor royal. Tu en viens ?

— Malheureusement ! Je me suis fait rançonner aux dés. Le garçon avait l'air honnête, je n'avais aucun soupçon et, comme un idiot, j'ai mordu à l'hameçon. Je dois payer mes dettes si je ne veux pas finir tronçonné en lamelles. J'y ai laissé mon caleçon ! Agaçante leçon.

Le vicomte nous salua et poursuivit sa descente alors que nous reprenions notre ascension. En parvenant au premier étage, mon père s'épongea le front en m'indiquant une double porte qui s'ouvrait sur une longue file de gens. Ils faisaient la queue devant un guichet de bois où un homme, tout de noir vêtu, perché sur un haut tabouret, manipulait de grands livres de comptes.

— Tu vas voir un peu ce que c'est d'être un Jurons !

Mon père s'avança et tapa d'un de ses doigts courts et boudinés sur l'épaule du premier homme dans la file d'attente. Celui-ci se retourna avec un air ahuri et dévisagea mon père.

— Bob ! s'exclama-t-il.

Je ne comprenais pas : mon père s'appelle Riton.

— Otto, je vous présente mon fils, Robinson. Robinson, je te présente Otto, baronnet des Palindromes.

— Enchanté, dis-je en saluant le monsieur.

— Mon nom porte trop mon nom, bafouilla-t-il en baissant les yeux.

Mon père se pencha à mon oreille :

— Ne fais pas attention, il est un peu zinzin. Puis, se redressant, il poursuivit d'une voix normale en hochant gravement la tête : Otto est un brave aristocrate, fier de son titre. Mais les palindromes sont loin d'être utilisés couramment.

Le baronnet opina du chef avec un air triste.

— Tu verrais la maison de ce pauvre Otto... il habite Laval ! continua mon paternel avec des trémolos dans la voix. Il y aurait beaucoup à faire, un vrai taudis, mais le palindrome ne paie pas assez. C'est un amusement pour gens d'esprit, que veux-tu, c'est ainsi. Je suis certain qu'une petite aide de notre part serait la bienvenue.

Cherchant dans sa bourse, il prit une pièce d'or et la tendit à l'autre qui s'en saisit avec un maigre sourire.

— Noël a retapé la colo, ça l'épatera, Léon! remercia le baronnet.

Mon père s'avança sans plus s'intéresser à lui. Otto, comme repoussé par le ventre volumineux de son bienfaiteur, le laissa passer. Je l'entendis murmurer, comme pour lui-même :

— Ésope reste ici et se repose.

Déjà, la main paternelle se posait sur une nouvelle épaule.

À force de pièces, acceptées parfois de mauvaise grâce, nous remontâmes la queue en quelques minutes pour nous trouver finalement au comptoir. L'homme au costume sombre, qui était donc le trésorier royal, leva vers nous son nez où tenait en équilibre une paire de lunettes. Il les remonta d'un doigt taché d'encre pour éviter qu'elles ne tombent. De lourds volumes où s'alignaient des colonnes de noms et de chiffres étaient ouverts devant lui.

— Chevalier, vous venez chercher votre argent? demanda-t-il d'un ton sec.

— Non, je suis venu t'inviter à un pique-nique, ironisa mon père. Allez, fissa, amène mon pognon.

Le trésorier prit un air pincé et se pencha sur un de ses cahiers de comptes. Il tourna des pages, fit quelques calculs sur une feuille à part, se gratta la tête à plusieurs reprises en réfléchissant à voix haute.

— Insultes... pas mal, comme toujours... Interjections... c'est en hausse, tiens... J'ajoute le pourcentage sur les contrepèteries... auquel je retranche les dégrèvements professionnels pour les poissonnières et les charretiers...

— Bon, ça va, tes commentaires, tu les avales et tu te magnes!

Le trésorier royal retira un instant ses lunettes pour dévisager mon père. Il renonça à répondre devant son air peu engageant et sauta de son tabouret pour disparaître par la porte derrière lui.

La file des personnes à notre suite s'agitait, je me retournai pour voir ce qui se passait. Un homme de grande taille en costume rouge s'avançait depuis la porte. Il portait deux grosses moustaches qui lui faisaient comme des griffes noires de chaque côté de la bouche. Une série de médailles étaient piquées sur sa poitrine. Majestueusement, une lourde cape couvrait ses épaules et une splendide épée à la garde ouvragée pendait à sa ceinture. Si je n'avais déjà vu le visage d'Alexandre I sur des gravures, j'aurais pu croire que le roi en personne venait de faire son entrée dans la salle. Chacun le laissait passer en s'inclinant sans dire un mot. Il remonta la queue encore plus vite que nous (et sans débourser d'argent). Arrivé à notre niveau, mon père le salua.

— Duc de l'Impératif, je te présente mon fils, Robinson.

— Laissez passer ! ordonna-t-il sans même me regarder.

— Et en quel honneur ? J'étais là avant toi.

— Sachez que je n'aime pas votre ton, Jurons. Un chevalier s'incline devant un duc. Cédez votre place !

Mon père ouvrit son œil gauche comme s'il s'agissait d'un canon de mousquet et plissa le droit comme s'il visait. Il lâcha une bordée de jurons que je préfère adoucir plutôt que de la retranscrire telle quelle.

— Coquin de duc, je n'ai d'ordre à recevoir que de notre roi, je ne vais pas me laisser enquiquiner par un goujat qui siffle plus haut que sa bouche et prend son nez pour une trompette !

Les moustaches du duc frémirent, son visage devint aussi rouge que son uniforme.

— Méfiez-vous, chevalier. Il pourrait vous en cuire de parler ainsi au chef des dragons du roi. Je ne suis pas n'importe qui !

Sur ce, il prit un air digne et, la tête haute, la cape majestueusement déployée sur son dos, se résigna à attendre son tour.

Le trésorier reparut bientôt avec un lourd sac de toile. Il posa son fardeau sur le comptoir avec une petite grimace. Les pièces qu'il contenait se mirent à tinter et c'étaient autant de petits rires moqueurs pour les désargentés qui nous avaient laissé prendre leur place dans la file d'attente. J'aurais préféré que cette remise d'argent se fasse de manière plus discrète. J'avais honte que notre richesse soit ainsi exposée aux yeux de tous. Mon père, lui, trouvait la situation très plaisante, au contraire. Il ne put se retenir d'ouvrir le sac et de plonger ses mains dans l'or afin de le faire chanter entre ses doigts. Je jetai des regards gênés derrière moi. Tous évidemment avaient les yeux fixés sur nous, seul le duc de l'Impératif nous ignorait ostensiblement.

— Et tout ce butin en seulement *une* semaine ! se délecta mon père d'une voix forte pour que tout le monde entende.

Un murmure traversa la salle, je surpris même le duc à tourner la tête vers nous. Je jurerais que je vis un instant sa bouche s'entrouvrir d'étonnement entre ses larges moustaches tombantes. Même lui ne pouvait prétendre à de tels revenus. Non que le temps de l'impératif ne soit pas très utilisé, il l'est. Autant que les jurons sans doute, particulièrement par les parents, les professeurs et les militaires (comme l'était le duc).

Mais les conjugaisons rapportent peu à chaque usage. Alors que les jurons dans certains cas peuvent valoir un bon prix (surtout quand ils sont proférés par de jeunes enfants ou de très vieilles dames). Surtout, ils s'enchaînent si bien. Le fameux « [redacted] de [redacted] de [redacted] » qui a ouvert notre histoire en est un bon exemple : trois grossièretés enchaînées (on peut faire mieux en cherchant bien), c'est trois fois plus d'oseille pour nous ! Alors que trois impératifs enchaînés restent beaucoup plus rares.

— Kenavo les bouseux, lança mon père en prenant contre son cœur le sac rempli d'or.

Sous les yeux où alternaient la jalousie, l'envie ou simplement la haine, nous quittâmes la salle. Le pauvre Otto, baronnet des Palindromes, fut le seul à nous saluer avec un sourire un peu bête en glapissant d'une voix pincée : « Et si, ça relève le raciste ! »

D

Où je vois pour la première fois le roi, son Conseil, et un homme se faire tuer

— Passons au plat de résistance : le Conseil du roi ! dit mon père en se tapant sur le ventre de bonheur. Tu vas voir, ça vaut le jus !

Je le suivis tout en lui demandant s'il était vrai que le duc de l'Impératif était le chef des dragons.

— Ouais, c'est un de ces grands dadais de militaires. Ah ! ça ! donner des ordres, y connaît, l'Impératif. Il a fait des guerres. En a gagné certaines, perdu d'autres. Depuis peu, il a la charge de ces brutes de dragons.

— Et de le traiter comme tu l'as fait, c'est pas un peu dangereux ? glissai-je d'un air inquiet.

— On peut nous reprocher plein de trucs, mais pas d'être déloyaux à la couronne. Crois-moi, les dragons ont déjà beaucoup à faire. Le duc n'est qu'un grand braillard habitué à ce qu'on lui cire les pompes. Il nous considérera pas plus mal après ce que je viens de lui sortir. Il nous a toujours vus comme des moucherons sans importance, ça va pas changer parce que je lui ai fait une déclaration un peu salée.

Un petit flot de personnes nous accompagnaient, toutes habillées à grands frais et portant perruque. J'appris rapidement que seuls les aristocrates étaient autorisés à assister au Conseil du roi, et encore devaient-ils se tenir debout et en silence.

La salle était déjà bien remplie et mon père dut à nouveau distribuer quelques pièces pour que nous puissions accéder au premier rang. Le Conseil du roi était un lieu important pour se montrer. Les spectateurs n'avaient en général pas d'intérêt particulier pour ce qui s'y décidait : nomination d'une nouvelle exception qui confirme la règle, attribution d'une majuscule, guerre avec le Royaume de l'Anglais... Ils cherchaient avant tout à se faire voir. De fait, c'était comme ça à l'époque et ça l'est encore aujourd'hui. Le roi a changé, certes, mais les courtisans se pressent toujours pour se pavaner. Seule la taille des perruques n'est pas la même.

Bientôt, les conseillers entrèrent un à un. Une douzaine. Mon père me glissa à l'oreille le nom de chacun. J'en oubliai aussitôt la moitié. Le duc de l'Impératif et ses moustaches tombantes était du nombre. Ils restèrent debout. Le roi entra. Toute l'assemblée baissa la tête en signe de révérence et attendit pour la relever qu'il s'assît en bout de table. Le Conseil pouvait commencer.

–AZ–

Un premier intervenant prit la parole pour évoquer la question d'une nouvelle taxe sur les compléments circonstanciels. Je tentai de suivre son discours mais rapidement n'y compris plus rien. Il était question de fiscalité, de décret, d'ordonnance, de jurisprudence, de politique territoriale et que sais-je encore ? Quel charabia ! Sur le moment, je crus que j'étais le seul à être perdu, mais je me rendis vite compte que personne n'écoutait. On échangeait des airs entendus, on se glissait des potins à l'oreille, ou simplement on prenait un air pénétré en faisant semblant de s'intéresser. Même les autres conseillers à la table se grattaient le nez en pensant à autre chose.

Quant au roi, il semblait mourir d'ennui. C'était un vieux monarque, à la figure tellement poudrée qu'il ressemblait à un gâteau couvert de sucre glace. Un gâteau pas très appétissant. Il avait été dans sa jeunesse un grand danseur et avait la réputation d'avoir conservé dans ses mouvements beaucoup de grâce. Je le savais pour l'avoir lu dans des livres. Aussi je m'étonnais de voir devant moi un vieillard dont la mâchoire et les mains étaient prises de tremblements permanents.

On vantait aussi sa grande intelligence, et la manière exquise avec laquelle il s'exprimait dans un français aussi élégant qu'impeccable. Pourtant, je fus très déçu quand il prit la parole. Lui, le représentant de la Langue française sur terre, il mâchonnait ses mots et il était difficile de comprendre ce qu'il disait. Il se perdit dans son discours et un des conseillers dut l'aider à en reprendre le fil. Il trancha en faveur de la taxe. Sujet suivant.

Je compris alors le moteur essentiel de la monarchie : le compliment. La cour est le théâtre d'un concours de flagorneries sans fin. Peu importait que le roi fût un vieillard sénile avec de la bave au coin de la bouche, on continuerait à lui faire croire qu'il était un bel homme au sourire éclatant. À ce niveau non plus, les choses n'ont pas changé.

On traita ce jour-là d'une demi-douzaine de questions, et toutes me barbèrent autant que la première. Je n'avais qu'une hâte, retourner à la maison. Je me laissais aller à contempler les immenses fenêtres de la salle du Conseil. Je trouvais tout à fait merveilleuse cette lumière qui inondait la pièce avec tant de générosité, sans qu'on ait besoin d'allumer des torches ou des lanternes.

C'est là que j'ai croisé son regard.

Elle dissimulait en partie son visage derrière un éventail de couleur mauve. Ses deux yeux me sondaient comme s'ils pouvaient voir ce que cachait le fond de mon cœur. Sa tenue et son maintien étaient d'une grande élégance. Je n'avais jamais été dévisagé ainsi et ne savais que faire. Très mal à l'aise, je m'inclinai légèrement pour la saluer. Elle baissa son éventail pour laisser apparaître sa bouche – ses lèvres étaient d'un pourpre très sombre – et m'adressa un sourire. Je me sentis rougir jusqu'à la racine de la perruque.

Mon père se tourna vers moi avec un air interrogateur avant de porter à son tour les yeux dans la direction de la dame mystérieuse. Déjà l'éventail se relevait pour dissimuler ses traits. Elle fit un pas en arrière et disparut derrière le premier rang des spectateurs.

–AZ–

C'est alors qu'il y eut une bousculade au parterre. Un homme s'était introduit dans la salle, fendant la masse serrée des courtisans, et il nous fit presque chuter, mon père et moi, pour se ruer sur le roi. Il sortit de sous sa veste une dague qu'il brandit au-dessus de sa tête.

— Mort au tyran ! Liberté syntaxique ! Égalité lexicale ! Fraternité !..., hurla-t-il en grimaçant sans achever sa phrase.

L'épée du duc de l'Impératif venait de lui passer à travers le corps.

Le regard du terroriste était fou, son costume rapiécé et son intention tout à fait claire. Il voulait assassiner Alexandre I. Peut-être y serait-il parvenu s'il n'avait pas perdu de temps à crier sa propagande révolutionnaire avant d'abattre sa lame. Il gisait à présent inanimé sur le sol. Déjà deux domestiques arrivaient pour débarrasser le plancher de cet intrus sanguinaire. Un troisième s'attarda à éponger et nettoyer le sang.

Ébahi – c'était la première fois de ma vie que je voyais un homme mourir –, j'observais fasciné le détachement avec lequel le duc essuyait sa lame ensanglantée avec un mouchoir de soie. Le roi, de sa voix aigrelette, prit la parole :

— Duc, je vous remercie pour votre intervention.
Ils complotent sans fin. Quand les ferez-vous taire ?
Je crains ces partisans de la sédition.
C'en est assez d'eux ! Qu'ils finissent aux galères.

— N'ayez crainte, sire, s'inclina le duc en rengainant son arme. Nous en aurons bientôt fini avec eux. Chassez-les jusqu'au dernier ! Traquez-les ! Tuez-les ! Voici mes consignes aux dragons. Ces insurgés se cachent on ne sait où. Fouinez !

Reniflez ! Trouvez-les ! Voilà les ordres à mes espions. Une fois que nous connaîtrons leur repaire, nous les exterminerons ! Reprenons la séance.

Il se rassit et invita un des conseillers à prendre la parole. Le domestique avait fini d'astiquer le sol et disparut avec ses chiffons et son seau d'eau. Il n'y avait plus aucune trace de sang. On aurait pu croire que l'incident n'était jamais arrivé. Un homme était mort, on avait attenté à la vie du roi, mais tout le monde faisait comme si rien ne s'était produit. C'est à peine si j'entendis derrière moi quelques courtisans murmurer :

— Encore un coup de ces réformés de l'orthographe !

— Comme si le royaume n'avait pas déjà assez à faire pour éradiquer tous ces patois régionaux... Le français ne sera vraiment le français que quand le breton et le basque auront disparu !

Ainsi, il y avait donc des opposants qui s'organisaient en secret pour renverser Alexandre I... Je devais par la suite, et bien malgré moi, en apprendre plus à leur sujet.

-AZ-

L'orateur qui se leva était le plus jeune membre du Conseil. Il s'agissait du comte de la Langue de Bois. Ne portant pas de perruque, ses cheveux très noirs juraient dans cette forêt de postiches blancs. Dans un sourire, il dévoila ses dents comme s'il s'apprêtait à dévorer un fruit bien juteux.

— Sire, je vais vous parler clairement, car les choses qui doivent être dites doivent être dites. Chacun sait que l'emploi de certains mots pose problème et nous pensons tous ici qu'il faut une réglementation plus stricte à leur sujet. Stricte, mais juste. En réalité, et pour dire les choses en toute franchise, il faut interdire certains mots, mais d'une manière souple et tournée vers l'avenir. Ce que j'appelle une *interdiction positive.* Quels sont ces mots qui posent problème ? Il va bien falloir les citer, il va bien vous falloir les entendre, et je le regrette.

Je le trouvai tout de suite très convaincant. Bien plus que l'autre avec sa taxe sur les compléments circonstanciels. À bien y regarder, cette introduction ressemblait à un joli collier de phrases creuses s'enchaînant les unes aux autres. Mais, sur le coup, je me laissai prendre.

— Commençons par l'un de ceux qui nous préoccupent le plus. Je veux bien sûr parler de cette atrocité qu'est le verbe... *mourir.*

Le comte prit un air dégoûté, comme si de prononcer ce mot lui mettait le cœur au bord des lèvres. Après un temps, il poursuivit son exposé :

— N'est-ce pas un mot trop douloureux à entendre ? Seuls des gens sans cœur peuvent encore, au jour d'aujourd'hui, l'utiliser sans frémir. Voilà un mot d'un autre temps qu'un pays moderne comme le nôtre ne peut plus tolérer. Regardez au Royaume de l'Allemand : cela fait des années qu'ils ne l'utilisent plus ! Quand nos voisins font de bonnes choses, nous devrions nous en inspirer. Par exemple, au lieu de : « Votre mari est mourant », il serait plus approprié de dire : « Le pronostic vital de votre conjoint est engagé. » C'est tout de même bien mieux. Ou encore, au lieu de dire : « Votre mari est mort », nous préférerons à l'avenir : « Votre conjoint est décédé. »

Le comte prit un temps de silence pour jauger son auditoire. Je sentais bien que, contrairement aux questions précédentes, le public était sur ce sujet particulièrement attentif. Je ne comprenais pas trop pourquoi, mais la question était sûrement importante.

— Mais il existe un mot pire encore, reprit le comte. Je ne vous en voudrai pas, mesdames et messieurs, de vous boucher les conduits auditifs. Les malentendants doivent se réjouir de ne pas avoir à supporter cela !

Un petit groupe parmi les spectateurs s'exécuta aussitôt en se plaquant les mains sur les oreilles. Il ne fallait pas être très perspicace pour comprendre que cette mise en scène était préparée. Il s'agissait sans doute des fidèles de la Langue de Bois.

— Je veux bien sûr parler du verbe... *aimer*.

Le comte ferma les yeux. Sa bouche frémissait comme s'il venait d'avaler une limace. Quelques-uns de ses partisans, malgré leurs oreilles bouchées, poussèrent de petits gémissements de dégoût.

— Puisse ce mot être ici prononcé pour la dernière fois. Oui, ce mot est un mot qui mérite, avec justice et équité, d'être banni de notre vocabulaire. Qu'est-ce donc que cette chose que les irresponsables appellent « amour », qui fait perdre la tête quand il débute et provoque tant de souffrance quand il cesse ? Je vous le demande : comment peut-on encore tolérer un mot qui manque tellement de précision ? On l'utilise aussi bien pour parler de l'union entre époux, que pour désigner l'affection que porte un père à son fils, ou pour évoquer notre foi en la Très Sainte Langue française !

Disant cela, il leva les yeux au ciel en mettant la main sur son cœur, avant de s'incliner devant Alexandre I avec ostentation.

— Pire ! reprit-il d'une voix à présent étranglée. Certains vont utiliser ce *même* mot pour dire qu'ils apprécient les macarons au caramel ! Tout le monde comprend bien qu'un tel fourre-tout n'a rien à faire dans une langue aussi évoluée que la nôtre. Si Votre Majesté accepte ma proposition de loi d'*interdiction positive*, nous ne dirons plus : « Madame, je vous aime », mais : « Madame, j'ai des sentiments d'ordre marital pour vous. » De même, dans un dîner, plus question une fois parvenu au dessert de proclamer : « J'aime les macarons au caramel ! » Il est tout de même plus convenable d'annoncer que « les macarons au caramel entrent parfaitement en adéquation avec mes valeurs gustatives ». Vous voyez, sire, à quel point la vie au Royaume du Français serait plus douce, et plus sûre, si ces deux mots – et quelques autres dont j'ai ici la liste... – venaient à disparaître de notre vocabulaire. Il va sans dire que son application nécessitera la mise en place d'une police spéciale, une police qui contrôlera l'usage de la langue.

Dans une attitude très digne, le comte de la Langue de Bois se rassit. Dans le même temps, comme dans une danse parfaitement synchronisée, le conseiller qui lui faisait face se leva. Il était aussi grand que maigre. Son costume était gris perle et j'étais certainement le seul de l'assistance à ne pas savoir qu'il était coupé à l'ancienne mode. Un monocle vissé sur l'œil, il parla d'une voix nasillarde :

— Messire le comte de la Langue de Bois, par cette proposition de loi, vous foulez au pied tout ce qui fit la grandeur du français. Il était pour moi inimaginable que vous vous permissiez d'aller si loin. Pour que vous respectiez comme il se doit notre langue, il eût fallu que vous possédassiez des quartiers de noblesse aussi anciens et prestigieux que ceux de Sa Majesté. Ou que les miens. Quand je constatai votre ascension fulgurante parmi les grands du royaume, je doutais que vous prissiez pleinement conscience du poids de certains mots dans notre langue. Confirmation est faite.

Le comte, dans un sourire qu'il voulait aimable, se releva pour reprendre la parole :

— Monsieur le duc de l'Imparfait du Subjonctif, le passé est le passé, le présent est le présent, le futur est le futur. Un royaume moderne comme celui du Français ne peut rester accroché à ces vieilleries. Nous avons besoin d'une langue plus utile et plus précise. Le français, c'est la raison !

Un murmure d'approbation s'éleva dans le public. Le conseiller avait prononcé ces dernières paroles d'un ton vibrant qui me fit un grand effet.

Sans trop savoir pourquoi, si en cet instant on m'avait demandé mon avis sur la proposition de loi, j'aurais certainement dit sans hésitation que j'étais pour. Déjà le duc de l'Imparfait du Subjonctif, après avoir réajusté son monocle, répondait :

— Belles paroles que tout cela ! J'ai usé jusqu'à ce jour de mots forts et nobles quand la passion m'animait. Il était nécessaire que je parlasse ainsi, car tel est l'esprit de notre Très Sainte Langue. Mais seuls mes ennemis *décèdent*, mes amis *meurent* ! clama le duc en forçant sur sa voix.

Le comte, et sa troupe de fidèles avec lui, ne put retenir une moue dégoûtée en entendant les paroles de son adversaire. Heureux de son effet, le duc poursuivit :

— L'évidence a toujours exigé que nous repoussassions fermement toute tentative visant à interdire, fût-ce de manière positive, des mots aussi vénérables que ceux d'*amour* et de *mort*. Nous avons besoin d'eux pour exprimer toutes nos ardeurs. Le français, c'est le panache !

Une rumeur favorable aux dernières paroles du duc enfla dans la salle. Certains osèrent même quelques applaudissements. Pour ma part, une seconde avant j'étais prêt à défendre l'opinion du comte mais à présent je me ralliais totalement à celle du duc.

— Sire, sire, implora M. de la Langue de Bois en se tournant vers le roi, je connais le passé prestigieux de la famille de l'Imparfait du Subjonctif. Bien qu'ils étaient des grands du royaume, il s'agit aujourd'hui d'une grandeur révolue. Vous ne pouvez encore écouter les conseils d'un homme dont chacun sait qu'il est au bord de la misère. Personne n'use plus du subjonctif imparfait, il ferait mieux de se soucier de trouver de quoi nourrir sa famille, plutôt que de venir siéger en votre Conseil.

— Messire le comte ! s'emporta le duc avec indignation. Je ne vous permets pas ! Que vous salissiez mon nom, passe. Mais que vous dérogiez aux règles de la très vénérable et éternelle Concordance des Temps, quel affront ! « Bien qu'ils *étaient* des grands du royaume... », dites-vous ? J'en appelle à la Sainte Grammaire, c'eût été plus correct de dire : « Bien qu'ils *aient été* des grands du royaume... », ou encore, si vous aviez fait preuve d'un peu d'élégance : « Bien qu'ils *fussent* des grands du royaume... » En outre, je réfute vos allégations : mes finances vont pour le mieux. Pour le prouver, j'annonce ici à tous qu'il sera donné un grand bal en mon domaine dans une semaine.

J'entendis distinctement mon père murmurer pour lui-même : « Nous y voici. » Je l'interrogeai du regard mais il resta les yeux fixés sur le duo des conseillers pour ne rien perdre du spectacle. Le comte restait silencieux, comme sonné par un coup de poing. Il se tenait toujours debout, face au duc, et ne savait quoi dire.

— Un bal ? se contenta-t-il de répéter l'air incrédule.

— Un grand bal, où toute la cour sera conviée. Un bal en l'honneur de ma fille Olympe pour fêter ses récentes fiançailles.

L'agitation régnait à présent dans le public.

L'annonce d'un grand mariage semblait passionner les personnes présentes bien plus que les questions politiques.

— Fiançailles ? balbutia le conseiller avec des yeux ronds.

— Oui, elle ouvrira le bal avec son futur époux, précisa le duc qui visiblement prenait grand plaisir au désarroi de son adversaire.

Le comte, ne tenant plus sur ses jambes, se laissa tomber dans son fauteuil. Dans le public, les commentaires allaient bon train. Chacun se demandait qui pouvait être le jeune homme promis à Olympe de l'Imparfait du Subjonctif, une des plus anciennes et des plus prestigieuses familles du royaume. Des noms fusèrent autour de moi. Certains prirent des paris. Quelques-uns avancèrent que le duc avait inventé cette histoire de bal et de mariage pour rabattre le caquet du comte. Mon père semblait le seul à ne pas être gagné par l'agitation ambiante. Il se contentait de faire jouer sa langue entre ses dents tout en souriant.

Le roi se leva, et avant même que ses vieilles jambes ne soient totalement dépliées, le silence et le calme revinrent dans la salle du Conseil. Le monarque s'éclaircit la gorge avec un petit grognement.

— Nous rejetons votre proposition de loi,
Cher Pierre-Paul-Jacques de la Langue de Bois.

Le conseiller, malgré un abattement évident, s'inclina avec un petit sourire forcé devant les alexandrins approximatifs de Sa Majesté qui continua :

— Duc, je suis heureux de ce mariage prochain.
Qui votre fille épousera-t-elle demain ?

Le sourire de satisfaction qu'affichait le duc de l'Imparfait du Subjonctif disparut aussitôt. Sans doute aurait-il aimé en rester là. Pourtant, il devait parler, le roi le lui demandait. Prenant une large inspiration, il se décida et dit, tout en baissant la voix et les yeux :

— Ma fille épousera dans trois semaines Robinson, fils de Riton, chevalier des Jurons.

Je sentis ma bouche s'ouvrir sous le poids de la surprise, mes épaules s'affaisser sous le poids des dizaines de regards tournés sur moi, tandis que mes jambes flageolaient sous le poids de la honte. Mon père salua l'assistance avec délectation. « J'ai réussi l'impossible », avait-il dit. L'impossible, c'était donc ça ! Il avait réussi à convaincre le duc de donner la main de sa fille au rejeton de la pire famille d'aristocrates qu'on ait jamais vue. Il avait fait ça. Il m'avait habillé avec du fil d'or et des boutons de nacre pour me trimbaler jusqu'au château du roi sans même me prévenir de ce qui m'attendait ! Ma première visite à Dupailles et me voilà l'attraction du jour. [redacted] de [redacted] de [redacted]. Merci, papa. Vraiment, merci.

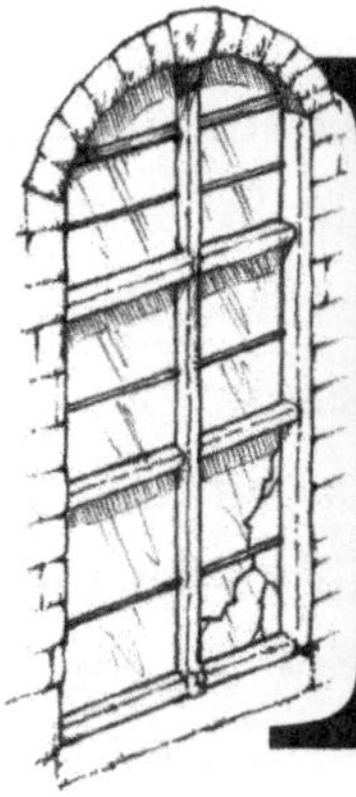

E

Où je vais au domaine
des Imparfait du Subjonctif
rencontrer le duc, la duchesse et leur fille

En quittant la salle du Conseil, tous m'examinaient, des plumes (trop) bariolées de mon chapeau à mes chaussures (trop) agrémentées de rubans de soie. On me jaugeait, on me décortiquait, on m'analysait. La conclusion de tous se lisait sur leurs visages : trop, trop, trop. Trop de fanfreluches, trop de brocart, trop de fil d'or. Au choix, il y en avait des amusés ou des consternés. Mais tous étaient aussi surpris que moi. Un Jurons avec une Imparfait du Subjonctif ? Quelle blague !

Quand je fus dans la cour d'honneur, chaque domestique, fonctionnaire ou courtisan me dévisageait. La nouvelle s'était répandue à travers tout le château de Dupailles en une poignée de minutes. Dans quelques heures, toute la ville de Senonces n'aurait plus que les noms d'Olympe et de Robinson à la bouche. Dans quelques jours, la nouvelle serait parvenue aux frontières du royaume et je serais la risée du pays dans son entier.

J'étouffais de colère mais trouvai la force d'esquisser un sourire grimaçant pour faire bonne figure. Mon père se pavanait, son ventre fendant la foule qui se pressait autour de nous.

Les courtisans les plus expérimentés comprirent vite que ce mariage allait changer la donne. L'équilibre des forces à la cour allait se modifier : le duc de l'Imparfait du Subjonctif allait récupérer un peu du pouvoir qu'il avait perdu. Et le chevalier des Jurons en gagner bien plus qu'il n'en avait jamais eu. Déjà, quelques flagorneurs essayaient de se faire bien voir par les deux héros du jour. J'entendis un petit vicomte dans la cour d'honneur qui disait à son voisin : « J'aurais tant voulu que nous entendissions de la bouche même du duc l'annonce de ce mariage ! » Et cet usage de l'imparfait du subjonctif était un moyen de caresser le duc dans le sens du poil… et de lui faire gagner un petit quelque chose en passant. Plus loin, une dame lâcha d'une bouche pincée : « Ben [redacted] alors ! Quelle nouvelle ! » Et cet emploi d'un gros mot, qu'elle n'aurait jamais osé dire en public avant ce jour, était là pour montrer son soutien à notre famille.

La palme de la flatterie vint de la part du vicomte de la Cédille, l'homme à la perruque pendante que nous avions rencontré plus tôt dans la matinée. Il se dirigea vers nous en levant les bras au ciel.

— Chevalier, chevalier, des fiançailles avec la petite Olympe ! Quelle agaçante leçon pour la Langue de Bois ! Il doit être si déçu. Pire encore pour cet [redacted] en caleçon, il avait fallu que le duc fît cette annonce en plein Conseil !

En usant, dans la même phrase, de cédilles, d'un gros mot et d'un imparfait du subjonctif, le vicomte, avec son allure de chien déplumé, venait de réussir le tour de force de plaire à tout le monde et de faire gagner quelque argent à mon père, au duc… et à lui-même.

Enfin, je pus me réfugier dans notre carrosse. J'allais pouvoir couvrir l'instigateur de cet odieux mariage de tant d'insultes que sa bordée de tout à l'heure contre le duc de l'Impératif passerait pour une déclaration d'amour en comparaison. Mais ce qu'il me dit alors me désarçonna complètement :

— Et maintenant, le dessert ! Nous allons de ce pas te présenter à ta future épouse.

Je m'étranglai de rage. L'air me manquait, j'ouvris le premier bouton de nacre de ma veste pour retrouver mon souffle. Déjà, il commençait à blablater sur son exploit.

— Ce vioque à la manque de duc, il avait tellement envie de faire sa fête à ce comte en toc de la Langue de Bois qu'il n'a pas pu se retenir. Nous devions pas annoncer ton mariage avant la semaine prochaine, au moment du bal. Peu importe, il peut plus reculer à présent. Des mois de négociation, une fortune que je vais lui lâcher. J'ai posé mes tripes sur la table, ça on peut le dire. Il va l'avoir son bal, et son mariage en grande pompe. Il voulait leur en mettre plein la vue, il va être servi. Riton des Jurons ne fait pas les choses à moitié ! Ce sera les plus belles noces qu'ont ait vues au Royaume du Français depuis celles de ce vieux débris d'Alexandre I.

C'était donc ça. Une histoire de pognon. Le duc désargenté avait accepté de marier sa fille avec moi contre de l'argent.

Simple comme le verbe *acheter* au présent de l'indicatif.

— Robinson, la vie va changer ! Le duc n'a pas de fils, à sa mort tu hériteras de tout le paquet, du titre, des terres, de sa place au Conseil du roi ! Les Jurons n'auront bientôt plus à vivre sous terre, nous allons directos passer sur le haut du panier ! Avec le prestige des Imparfait du Subjonctif et notre fortune, rien pourra t'arrêter. Qui sait ? Tu seras à la tête de la chancellerie, de l'armée, de la marine ou même des trois à la fois ! Mon fils, t'auras pas à souffrir comme moi, comme mon père, comme ton grand-père. T'auras plus à avoir honte de ton nom !

Il termina en me donnant une grande bourrade dans l'épaule. Ma perruque valdingua sur la banquette. Je sentis ma colère glisser dans le fond de mon estomac. Elle ne me battait plus les tempes, elle ne brûlait plus mon cœur, elle se contentait de me nouer le ventre. Je restais silencieux, abasourdi par ce qui me tombait dessus.

Nous avions quitté Senonces depuis déjà un moment, laissant derrière nous le royal palais, les miséreux faubourgs et les imprenables remparts. Nous longions à présent un mur interminable qui contenait difficilement une végétation débordante. Plus d'une fois les basses branches balayèrent le toit de notre carrosse. Par endroits, les pierres étaient éboulées, partout le crépi s'effritait. Nous passâmes une large grille de fer forgé, piquée de rouille, pour nous engager dans un chemin parsemé de nids-de-poule.

Le château des Imparfait du Subjonctif avait dû être magnifique… quelques siècles plus tôt. La pierre blanche virait au jaunâtre, les tourelles aux élégants toits pointus étaient pour la plupart proches de la ruine. Par endroits, les ardoises étaient tombées et la charpente apparaissait à nu. Des lézardes couraient sur les murs et plusieurs carreaux cassés avaient été bouchés par du tissu ou du papier. Heureusement, une véritable armée d'ouvriers était à l'ouvrage pour remettre tout en état avant le bal. Des échafaudages couvraient la façade, des maçons, des sculpteurs, des peintres, des charpentiers grouillaient autour de l'imposante bâtisse. Le temps était compté mais pas les dépenses. Mon père, car c'était lui qui payait, n'avait pas hésité à embaucher la moitié des artisans de Senonces pour ce chantier.

Nous arrivâmes en même temps que le carrosse du duc. Il en descendit avec un sourire de contentement qui s'effaça quand il nous aperçut. Avec un air pincé, il se dirigea vers nous. Il serra d'abord la main de mon père avant de se tourner vers moi pour faire de même. Son monocle resta un instant à me dévisager. Il soupira sans m'adresser un mot.

— Bravo, Achille, tu lui as bien démoli la trogne à ce freluquet ! tonna mon père comme s'il s'adressait à un vieil ami. Je peux pas le sentir, ce comte à la noix. La langue de bois, c'est pas mon truc. Tu t'en doutes.

— Que trop ! que trop ! marmonna le duc en nous invitant à le suivre. Je suis d'accord, chevalier. J'ai autant de mal que vous à supporter cet arriviste. Il était impérieux que je lui rabattisse son caquet. J'avais réussi à tenir ma langue jusqu'à ce que ce, ce...

— Ce *trou du* [redacted] ? proposa mon père avec un sourire amusé.

Mon futur beau-père fit une grimace. Chaque juron lui faisait mal.

— ... Ce *sinistre personnage*, rectifia-t-il après un temps. J'avais réussi à tenir ma langue jusqu'à ce que ce *sinistre personnage* s'en prît à ma famille.

À ces mots, il se dirigea vers l'entrée du château en nous faisant signe de le suivre.

— Tu as bien fait, mon salopiot, poursuivait mon père avec la voix haletante qu'il avait quand il devait parler tout en marchant. Tu l'as pulvérisé, c'est à peine s'il pouvait encore parler après ce que tu lui as envoyé dans les dents.

— Sommes-nous *vraiment* obligés de nous tutoyer ? demanda le duc d'une voix mi-suppliante mi-agacée.

Il s'arrêta subitement pour se pencher vers moi. Son visage était si près du mien que je crus un instant que nous allions échanger le monocle pour le passer de son œil au mien, et tout ça sans les mains.

— Vous êtes attaché au français ? me demanda-t-il avec autorité. Vous déploreriez que des locutions, prétendues modernes, des mots débilitants, en vinssent à affadir notre belle langue, n'est-ce pas ?

— Euh..., je sais pas, bredouillai-je, pris au dépourvu.

— Un vieux c'est un vieux, non ? Pourquoi dire *une personne âgée* ? Pourquoi parler de *troisième âge* ? Pourquoi préférer *senior* ? Un vieux c'est un vieux. Dans le temps, on disait un *vieux*, que cela plût ou non.

— Si vous le dites...

— Et les mots étrangers ? Les *scénarios*, les *aficionados*, les *week-ends...*, reprit-il avec une lueur de folie meurtrière dans le regard. On n'est plus chez soi !

— Calmos, calmos ! intervint mon père en lui tapotant sur l'épaule. Une autre fois, une autre fois... maintenant, il est temps de présenter les tourtereaux l'un à l'autre.

À cette évocation, le duc retrouva aussitôt son calme et sa raideur. Nous parvenions à un vaste salon où les portraits des illustres ancêtres de la famille de l'Imparfait du Subjonctif couvraient les murs à qui mieux mieux... sans réussir toutefois à masquer complètement la décrépitude des lieux. Mon père entra en sifflotant. Je le suivis, résigné à ce qui m'attendait, c'est-à-dire deux femmes. Une mère et sa fille. La duchesse et son héritière. Ma future belle-maman et ma future épouse, Olympe.

À notre entrée, la duchesse se leva pour venir vers nous. On voyait à ses yeux rougis qu'elle avait beaucoup pleuré. Elle nous adressa un sourire forcé en tendant la main. Mon père s'en saisit pour l'embrasser et je remarquai que la maîtresse de maison déglutit avec difficulté, comme si elle retenait un haut-le-cœur. Je crois sincèrement qu'elle fit un effort immense pour ne pas simplement vomir à la vue du chevalier des Jurons envahissant son salon. Je baisai sa main à mon tour en prenant un air gêné. J'espérais sans doute lui montrer que, moi non plus, je n'étais pas très heureux de cette situation.

Olympe n'avait pas bougé. Elle resta assise sur son fauteuil sans même nous accorder un regard. Mon père la salua en se pliant en deux, ce qui était assez comique étant donné sa bedaine. Je m'exécutai aussi, ayant l'impression de chercher à attirer l'attention d'une statue. De fait, la jeune femme resta de marbre. Un silence gênant s'installa jusqu'à ce que le duc se décide à prendre la parole. Il évoqua des détails d'organisation pour le bal à venir. Mon père répondit comme si la question était de la plus grande importance. Malheureusement, ces questions avaient été mille fois débattues entre les deux hommes et ils n'avaient pas grand-chose de neuf à se dire sur le sujet. Bientôt ils se turent tous les deux et le silence s'installa de nouveau. Je me sentais incapable de dire quoi que ce soit et la duchesse se contentait de retenir ses larmes. Dehors, on entendait les coups de marteau des ouvriers qui rénovaient les lieux. On travaillait une plaque de métal pour la façonner. Chaque coup résonnait comme un glas. L'ambiance passa du glacial au mortuaire.

Nous avions l'air d'une belle brochette d'imbéciles. Je laissais vagabonder mon regard pour éviter de croiser ceux de mes futurs beaux-parents. Plusieurs carreaux des fenêtres étaient fendillés mais leur grandeur laissait passer une lumière merveilleuse. Personne ne se décidait à faire la conversation, alors je pris sur moi pour dire quelque chose.

— Vous avez de grandes fenêtres.

C'était pour moi, qui jusqu'à ce jour n'en avais jamais vu, un compliment. Je ne pouvais de toute manière pas complimenter grand-chose dans ce château où tout ne respirait que la ruine, si ce n'est la taille des fenêtres.

J'aurais pu la complimenter, elle. Elle était loin d'être laide, elle tenait de son père ce long visage fin qui est la marque des Imparfait du Subjonctif, et de sa mère des cheveux blonds semblables à l'or.

La duchesse me dévisageait en fronçant les sourcils : qui était ce foutriquet qui allait épouser sa fille ? À cet instant, elle décréta que j'étais un simplet, certainement inoffensif, mais bête à ne pas savoir différencier ses voyelles de ses consonnes.

Olympe finit par daigner me considérer. Je lus dans ses yeux de la consternation. Elle hocha la tête avec incrédulité puis se leva en foudroyant son père du regard. Elle tourna les talons avant de les faire claquer sur le parquet comme autant de gifles humiliantes, et sortit de la pièce. Je n'avais pas entendu le son de sa voix.

J'étais terriblement vexé. C'était mon premier jour à la surface et j'avais eu mon content de moments éprouvants. Un instant, j'oubliai où et avec qui j'étais et je lâchai avec le plus grand naturel : « Non mais quelle [redacted] ! »

Où mon père renvoie mon maître d'armes

Nous ne nous sommes pas éternisés dans le salon des Imparfait du Subjonctif. Il était convenu que je devais ouvrir le bal au bras d'Olympe la semaine suivante. Inutile de dire que cette idée m'horrifiait. Danser avec cette pimbêche qui n'avait même pas daigné me dire bonjour ? Devant toute la cour ? Jamais.

Durant le voyage de retour, mon père et moi nous couvrîmes mutuellement d'insultes. Ce qui donna en gros ceci :

— Nom de [redacted] ! Cette [redacted] est une [redacted] de première, commençai-je. Et toi, tu arranges un [redacted] de mariage à la [redacted] sans même m'en parler. Mais [redacted] de [redacted], tu te prends pour qui ?

— Mais [redacted] à la [redacted] de [redacted] en [redacted], je me prends pour ton [redacted] de père qui fait tout pour que son [redacted] de fils de rien s'en sorte mieux dans la vie.

Heureusement, [redacted], que je suis là ! Quel [redacted] tu fais. « Vous avez de grandes fenêtres », non mais quelle [redacted] ! Tu m'as fait honte, j'avais les glandes salivaires en nœud papillon, vraiment ! Tu aurais pu lui parler de ses hobbies, ou encore de sa coiffure, et même de la pluie et du beau temps. Non, toi tu trouves qu'à parler des fenêtres !

Et comme ça pendant tout le trajet du retour.

Une fois à la maison, je filai jusqu'à la salle d'armes. Je n'avais qu'une envie : me défouler.

Mon père trottinait derrière moi à perdre haleine. Il n'en avait pas fini avec son catalogue de jurons.

José était en tenue à s'exercer. Aussitôt, sans même retirer ma veste aux boutons de nacre, je pris une épée mouchetée et me mis en position, face à lui.

— Tu te sens bien ? me demanda le maître d'armes en me voyant souffler comme un taureau.

Sans même répondre, je frappai. Il parada instinctivement. Nous avions déjà échangé quelques passes d'armes quand mon père arriva enfin, suant à grosses gouttes.

— Robinson ! gronda-t-il.

Je tentai de l'ignorer et me concentrai sur mon jeu de jambes.

— Tu vas te marier avec cette gourgandine, que tu le veuilles ou non. C'est la meilleure chose qui puisse t'arriver.

— Tu vas te marier ? s'exclama José en attaquant.

— Mon père n'a rien trouvé de mieux que de me coller dans les pattes d'une snobinarde, répondis-je en esquivant.

— Une snobinarde avec un nom illustre ! s'énerva mon père qui tournait autour de nous par petits bonds.

— Je ne l'aime pas, elle ne m'aime pas ! dis-je avec rage en me fendant pour frapper José à la poitrine.

Il fit un pas sur le côté et ma lame s'enfonça dans le vide. Déjà, je sentais la pointe de l'arme de mon maître d'armes entre mes omoplates.

— Je te l'ai dit cent fois, pas tout le poids du corps sur le pied d'attaque, commenta ce dernier avant de demander : Tu ne l'aimes pas ?

— Je la connais pas, comment je pourrais l'aimer ?

— On peut aimer au premier regard.

— Je t'assure que ça a pas été le cas.

— On s'en tape, de l'amour ! hurla mon père en se plaçant devant moi, à présent que les coups ne pleuvaient plus. Il n'est pas question d'amour ! Il est question d'argent, de pouvoir, de prestige !

— Un homme honorable ne peut se marier *que* par amour, décréta le maître d'armes d'un ton catégorique.

— Toi, le spadassin espingouin, on t'a pas sonné.

— Monsieur le chevalier, s'indigna José par-dessus mon épaule, un père veut le bonheur de son fils ! Il veut pour lui un mariage heureux, un mariage d'amour.

— Écoute, mon gaillard, rugit mon père en me poussant pour s'approcher du maître d'armes, je n'en ai rien à carrer de tes calembredaines sur l'amour et l'honneur. Je suis assez grand pour savoir ce qui est bon pour ma famille sans avoir à me taper les conseils débiles d'un escrimeur du dimanche.

— Escrimeur du dimanche ? Monsieur, vous m'insultez ! protesta José.

— Mieux que ça : je te vire ! tonitrua mon père. Tiens, voilà plus que je te dois, prends ça et [redacted]-toi, pauvre [redacted] !

— Un homme d'honneur ne saurait prendre de l'argent venant de celui qui insulte son nom, rétorqua l'Espagnol d'une voix aussi tranchante que sa lame.

Il tourna les talons et alla rassembler rapidement ses quelques affaires. J'étais pétrifié. Pas José ! Je jetai un regard suppliant à mon père.

— Quoi ? T'as quelque chose à dire ? aboya-t-il.

José s'était immobilisé alors qu'il fourrait dans un sac son plastron, ses guêtres et ses gants. Il fixait sur moi un regard charbonneux. Et moi, je restais planté là comme un *i* qui a perdu son point.

— Tu vois, Robinson, dit mon père, je crois que cette danseuse à la mode ibérique t'a fourré dans le crâne suffisamment d'âneries comme ça.

— Adieu, Robinson, se contenta de conclure José en franchissant la porte.

— Adieu, José, murmurai-je.

Ce dernier coup acheva de m'achever, finit de me finir, termina de me terminer.

— L'honneur, l'amour : tout ça c'est pour les perdants. Les vainqueurs ont pas besoin de ça. De toute façon, c'est pas de leçons d'escrime que t'as besoin à présent, mais de danse. Je te rappelle que t'as un bal à ouvrir la semaine prochaine.

Acte II

Un bal à la [redacted]

G

Où les invités font leur entrée
pour le grand bal

Le grand jour était arrivé. Enfin, le premier, celui du bal, celui des fiançailles. Le vrai grand jour, celui du mariage, viendrait plus tard. Dans une quinzaine. Je refusais pour le moment de songer à cette date fatidique, à ce point final qui viendrait clore le chapitre de mon autobiographie consacrée à ma jeunesse insouciante, heureuse et libre. À la ligne, chapitre deux: « L'enfer de mon mariage avec Olympe ». Sur le moment, j'imaginais cette partie de mes mémoires traitée de manière assez brève : « Il se maria et vécut malheureux jusqu'à la fin de ses jours en compagnie d'une rombière qui ne lui adressa jamais la parole, pas même pour lui demander si *matrone* prenait un ou deux *n*. »

Au château du duc, on nous avait confinés, mon père et moi, dans un boudoir. Le protocole voulait que nous entrions en dernier, après Sa Majesté. Le duc, en nous quittant, nous lança :

— Il est possible d'observer, en toute discrétion, l'entrée des invités par des petits trous ménagés dans le mur. Il aurait été dommage que mes ancêtres ne perçassent de tels judas pour surveiller ce qui se passait chez eux.

— Mais, les trous de l'autre côté, ils se voient ? m'alarmai-je.

— Pas du tout. Par souci de discrétion, mon grand-père ordonna qu'ils fussent placés de façon à correspondre aux yeux des portraits accrochés sur les murs.

— Ben, vous êtes de sacrés loustics dans la famille, s'amusa mon père en se mettant à son poste.

Ses yeux contre les trous, sa bedaine écrasée contre le mur, il se délectait d'avance.

— Regarde-moi tous ces emplumés. Que le bal commence !

Donc, les courtisans se présentaient un à un à l'entrée de la salle de bal où la famille des Imparfait du Subjonctif les accueillait. Olympe se tenait au côté de ses parents, elle ne faisait même pas semblant de sourire.

La piétaille arriva en premier. Les petits aristos de province. Ainsi, je pus voir passer par un des judas du boudoir aux Portraits : le chevalier de Polyptote, qui en bon courtisan courtisait tous ceux qui aiment être courtisés ; le baron de l'Argot, avec qui nous sommes vaguement cousins ; le vicomte du Avèquix et trois de ses fils : Hibou, Chou, Genou, les quatre autres étant restés à la maison.

Pour chacun d'eux, le majordome annonçait d'une voix forte

leur nom et titres à l'assistance déjà présente, avant qu'ils ne franchissent le seuil de la porte :

— Louis Luiz Luis, chevalier de Polyptote !... Mimile, baron de l'Argot !

Et ainsi de suite...

Vinrent après des personnalités plus en vue. Dans ce flot incessant se présenta la femme mystérieuse qui m'avait offert un sourire durant le Conseil du roi. Son éventail, tout comme sa robe, était mauve. Elle n'avait pas une de ces tenues pleines d'éclat que portaient la plupart des dames ce soir-là mais restait malgré tout d'une grande élégance. Son visage était toujours aussi pâle, ses lèvres toujours aussi sombres et rouges.

Elle s'avança vers la salle et le majordome annonça :

— Malva, marquise des Trois Petits Points.

Je cessai un instant d'espionner le vestibule, retirant mon œil du judas. Malva... Je sentis le regard de mon père sur moi. Il faisait une tête étrange. Il avait dû voir mon trouble. Je me forçai à sourire et repris mon observation.

Un troupeau venait de faire son entrée. Ils étaient au moins une vingtaine : le comte et la comtesse du Participe Passé, leurs nombreux enfants et au moins autant de laquais qui portaient, deux par deux, de lourdes malles.

J'oubliai aussitôt ma marquise en considérant ce débarquement. D'autant que la famille dans son ensemble n'était pas du tout en tenue de soirée, mais en robe de chambre ! Madame comptait et recomptait ses fils et filles, ses laquais et ses malles, craignant toujours d'avoir oublié quelque part un rejeton, un domestique ou une valise.

Monsieur questionnait le majordome :

— Lequel des vicomtes de l'Auxiliaire est déjà là ?

— Il me semble que le vicomte de l'Auxiliaire Être est déjà parmi nous, répondit avec un air déférent le domestique.

— Il vous semble, il vous semble... j'ai besoin d'en être certain !

— Je vois, je vois... Je peux vérifier si vous y tenez, proposa le majordome d'un air pincé.

— Vérifiez, vérifiez, exigea le comte avec une petite voix affolée. Les enfants : *Auxiliaire Être !* s'écria-t-il.

Aussitôt les domestiques ouvrent les malles, les parents et les enfants laissent tomber sur le sol leur robe de chambre ; les garçons portent déjà chemises et hauts-de-chausses, les filles corsets et jupons. Les voilà qui s'empressent de passer gilets et vestes pour les uns, robes et parures pour les autres.

— Pardon, monsieur le comte, j'ai fait erreur, balbutie le majordome en consultant sa liste. C'est le vicomte de l'Auxiliaire Avoir qui est des nôtres.

La comtesse étouffe un cri en entendant la nouvelle, elle s'empresse de retirer sa robe azur avec des gestes désordonnés comme si elle tentait de se débarrasser d'un essaim d'abeilles.

— *Avoir ! Avoir !* s'écrie le comte en déboutonnant son col comme s'il manquait d'air.

Et voilà les enfants qui se débarrassent déjà de ce qu'ils venaient de mettre quelques secondes plus tôt. Le tout dans une pagaille fébrile. Le père, dont la voix monte peu à peu dans les aigus, essaie de calmer ses troupes sans parvenir lui-même à garder son sang-froid.

— Imbécile ! Vous ne connaissez pas votre métier ou quoi ?

Le duc du Complément d'Objet est-il déjà arrivé ?

— C'est important ? demande le majordome avec inquiétude.

— Oui, c'est important, c'est capital ! rage la comtesse à nouveau en jupons. Avec l'Auxiliaire Avoir, nous, les Participes Passés, nous accordons avec le Complément d'Objet Direct s'il est placé *avant* nous ! Sinon nous restons in-va-ria-bles !

— Et si c'est l'Auxiliaire Être ?

— D'où vous sortez, vous ? Évidemment, dans ce cas-là, nous nous accordons avec le maréchal du Sujet. C'est pourtant simple ! Tout le monde sait ça.

— Je vois, je vois... Vous voulez dire que vous entrerez en robe de chambre ? s'inquiète le majordome.

— Bien sûr que non ! Taisez-vous et cherchez dans votre liste... et le duc du Complément d'Objet Direct, pas d'erreur cette fois. Son cousin de l'Indirect, je m'en fiche.

Tous sont suspendus aux lèvres du majordome qui épluche sa liste. Son visage s'allonge, son teint se confond avec la blancheur de sa perruque. Il tourne les pages une à une, fébrilement.

— Je ne le vois pas.

— Vous êtes certain ? Vous n'avez pas l'air de vous rendre compte de ce qu'il y a en jeu dans cette affaire, râle la comtesse tout en enfilant une nouvelle robe d'une coupe et d'une couleur toute différente de la précédente.

— Calme-toi chérie, tempère le comte, plus de peur que de mal. Nous allons pouvoir faire notre entrée. Les enfants, vous êtes prêts ?

Toute la famille se mit en rang. Eux étaient impeccables mais le sol restait jonché de vêtements, de malles ouvertes et de laquais à quatre pattes qui rassemblaient les effets de la famille pour les ranger. Ils se composèrent un léger sourire et entrèrent posément dans la salle de bal. Personne n'aurait pu imaginer, en les voyant ainsi, qu'une minute plus tôt ils gesticulaient dans le vestibule à retirer un gilet tout en enfilant des chausses. Le majordome, pas fâché d'en avoir fini avec eux, annonça :

— Le comte Charles-Aimé et la comtesse Anne-Aimée du Participe Passé et leurs enfants.

Je donnai un coup de coude à mon père accroché au judas voisin du mien.

— Ils sont complètement barjots, ceux-là ?

— Et encore, c'est rien. Quand ils débarquent avec la baronne des Verbes Pronominaux, je te raconte même pas le carnaval.

Après la piétaille et les plus en vue, les grands du royaume. Ceux-là se font un devoir de ne se présenter que franchement en retard afin que personne ne manque leur entrée. Parmi eux, je reconnus les moustaches du duc de l'Impératif et la mine décomposée du comte de la Langue de Bois. Il venait de mauvais gré assister au triomphe de son adversaire auprès de Sa Majesté.

Il ne manquait plus qu'un retardataire. Celui que chacun voulait voir. Le roi Alexandre I. Notre monarque débarqua en tenue d'apparat, avec cape, épée et haute perruque à l'ancienne mode (celle qu'il avait lancée au début de son règne, mais que plus personne ne suivait depuis longtemps). Il se déplaçait avec lenteur et sa démarche n'avait rien d'assuré. La démarche de ceux qui se dirigent doucement mais sûrement vers la tombe.

Il était accompagné de trois femmes en robe noire. On les aurait dit habillées, au cas où, de tenues de deuil, se rendant à un enterrement plutôt qu'à un bal. Deux d'entre elles portaient le voile et succédaient à la troisième, une vieille dame à la mine grave. Ses deux yeux gris brillaient comme des phares perdus au cœur d'un océan de rides. Je les vis distinctement quand elle se tourna vers les portraits dans lesquels étaient ménagés nos judas. Son regard entra dans le mien comme si je m'étais tenu devant elle. Je dus me retenir pour ne pas baisser les yeux devant tant d'autorité. Elle devait connaître l'existence de ce boudoir spécialement aménagé pour l'espionnage. Elle ne dit rien, ne fit rien, se contenta de suivre le roi qui faisait son entrée, toujours encadré par ses suivantes.

— Alexandre I, roi du Français.

— Ces femmes, elles ne sont pas annoncées ? demandai-je à mon père. La momie, c'est la reine ?

— Non, ce sont des sœurs de la Prétérition. Toujours aux basques du roi. Des nonnes qui possèdent le plus grand couvent de Senonces. Et la vieille bique, c'est la mère supérieure. Méfie-toi d'elle.

Je l'interrogeai du regard pour en savoir plus. Il posa sa main sur mon épaule.

— Plus tard, Robinson. C'est à nous. Profite, t'auras pas souvent l'occasion de faire ton entrée après le roi. C'est un grand soir pour les Jurons, lâcha-t-il d'une voix chevrotante que je ne lui connaissais pas.

H

Où j'ouvre la danse avec Olympe

La voix du majordome claqua dans l'air comme une trompette funèbre ouvrant la marche du condamné qui va rejoindre son bourreau :

— Riton, chevalier des Jurons, et son fils, Robinson Tartempion, fiancé d'Olympe de l'Imparfait du Subjonctif.

Ils faisaient cercle autour de moi. Dans leurs regards brillait la haine de voir un étranger pénétrer ainsi dans leur petit monde. Dans leurs sourires se devinait de la moquerie pour mon air gauche et intimidé. Mon père avait rejoint leurs rangs. Il se tenait auprès du duc, comme un phoque échoué près d'une girafe qui aurait porté monocle. Ils formaient un duo mal assorti à la gauche d'Alexandre I. À la droite du roi, le sombre trio de nonnes faisait, lui, comme une tache d'obscurité dans tout cet or.

L'orchestre entonna la première danse. L'élégant menuet que j'avais répété durant une semaine s'éleva au-dessus de la foule pour tournoyer entre les lustres garnis de dizaines de bougies. Olympe, tout aussi isolée que moi sur cette piste de danse, attendait. Je m'approchai. Prenant sa main, nous commençâmes à enchaîner les pas. Elle ne me salua pas, ne m'adressa aucune parole, aucun sourire. Elle ne me marcha même pas sur les pieds.

Au milieu de la danse, à la reprise de la mélodie principale, les couples se formèrent autour de nous. Perdus ainsi dans la foule et la musique, nous étions comme seuls. J'essayai alors d'établir la communication :

— Euh... Vous dansez très bien. Avec moi comme partenaire, franchement bravo... Se montrer comme ça, devant toute la cour... c'est un peu l'angoisse, non ?

Elle soupira en continuant de fixer le plafond.

— Ce mariage, toute cette [redacted]... pardon, enfin, tout ça, j'y suis pour rien, moi. C'est votre père et le mien qui... Ça m'enchante pas plus que vous... enfin, non pas que vous soyez un mauvais parti, vous êtes élégante, et charmante... et vous avez de grandes fenêtres ! Je rigole, c'était stupide... j'ai dit ça pour dire quelque chose...

Je bafouillais, je m'enlisais, j'étais ridicule. Elle continuait à éviter tous mes regards.

— Ce serait plus facile de discuter si vous répondiez..., avouai-je en désespoir de cause.

J'avais l'impression de parler à un mur. Et puis, elle m'intimidait. À cet âge, je ne connaissais rien aux femmes. Ce n'est qu'avec le temps et l'expérience que j'appris qu'il n'y a guère de différence entre elles et nous. Et surtout qu'il y a autant de différences entre chacune d'elles, qu'entre chacun de nous. Mais à l'époque, elles étaient pour moi aussi énigmatiques qu'une phrase à la syntaxe embrouillée.

La danse cessa. Sa main quitta la mienne. J'entendis pour la première fois le son de sa voix, douce et grave. Pourtant elle vibra dans ma poitrine comme des coups de marteau sur une enclume.

— Laissez-moi tranquille, je n'ai que faire de vous.

Elle disparut dans la foule alors que le morceau suivant débutait déjà.

-AZ-

Je m'éloignai de la piste de danse. Les invités me lorgnaient par-dessus leur coupe de champagne, avant de reprendre leurs médisances avec des airs de conspirateurs. Je ne savais trop vers qui me tourner parmi tous ces visages inconnus et hostiles. Heureusement, le vicomte de la Cédille vint à ma rencontre. Il n'avait plus le visage chiffonné et la tenue négligée de celui qui a festoyé toute la nuit. Au contraire, il était poudré et maquillé, une superbe mouche ornait sa joue, sa perruque ne tombait plus de chaque côté de son visage pour lui faire des oreilles de cocker. Il me salua en exagérant chacun de ses gestes.

— Mon garçon ! Cette façon de danser est une vraie leçon. La contrefaçon en est impossible.

— Vous vous moquez ?

— Non, ne voyez pas en moi quelqu'un de menaçant!

J'exagère toujours, on me dit agaçant, mais n'ayez aucun soupçon. Voyez-en moi un brave garçon.

Un homme trapu qui se tenait non loin et nous lorgnait du coin de l'œil entre deux gorgées de champagne lâcha un soupir dédaigneux :

— Vous souscrivez à cette union contre nature ! Pas étonnant ! Vous ! Un décadent ! Un joueur ! Un libertin ! Un buveur ! Vous applaudissez au mariage de la belle et la bête ! Ah ! le Français, il a de l'avenir, le Français !

— Monsieur de l'Exclamation, quelles façons ! Ne soyez pas désarçonné. Au cas où vous ne vous en seriez pas aperçu, la famille des Jurons est une très ancienne famille, avec tous les tronçons de nobleçe néceçaire, siffla le vicomte... J'en fais un peu trop peut-être ? ajouta-t-il comme pour lui-même.

— Pouah ! Comme toujours ! fit le monsieur trapu avec dédain. Et vous, misérable !

— Moi ? balbutiai-je en reculant de deux pas.

— L'or de votre père n'y changera rien ! Vous ne serez jamais l'un des nôtres ! Tout ceci est une mascarade ! Une farce ! Une bouffonnerie !

— Ne mordez pas à l'hameçon de ses provocations, me conseilla le vicomte de la Cédille.

Je m'éloignai, les convives s'écartaient sur ma route comme si j'étais un pestiféré.

I

Où je discute avec la marquise des Trois Petits Points, puis avec le comte de la Langue de Bois

Je traînai les pieds jusqu'à une de ces grandes fenêtres qui avaient fait mon admiration lors de ma première venue au domaine. Je pouvais voir les arbres du jardin s'élever comme des refuges sombres, loin des lumières et des cancans. Un léger souffle dans mon dos me fit me retourner. La femme à l'éventail mauve s'était approchée de moi avec un sourire de bienvenue...

— Vous vous isolez, Robinson... Ce devrait pourtant être un soir de fête pour le fiancé de la belle... et convoitée Olympe.

Sa prononciation, très distincte, avait quelque chose d'inhabituel. Sa voix semblait en même temps chaude et froide, proche et lointaine. Sa peau était d'une extrême blancheur mais un petit nuage de rousseurs très pâle flottait sur ses pommettes. Pourquoi venait-elle ainsi vers moi ?

Je ne la connaissais pas, personne ne nous avait présentés.

— Je m'appelle Malva. Je suis la marquise des Trois Petits Points, mais entre nous cela n'a...

Elle laissa mourir sa voix. C'était fréquent chez elle...

— Vous ne semblez pas très heureux. Un jeune homme dans votre situation ne devrait pas...

— Ne devrait pas quoi ? lançai-je.

Elle esquissa un sourire en forme de cœur.

—... Ne devrait pas être si triste... et seul. La cour est un univers difficile, on y prend autant de coups que sur un champ de bataille. Je sais que votre père ne vous a pas beaucoup préparé à ce qui vous attend...

— C'est le moins qu'on puisse dire. Ils me détestent tous ! Je ne suis qu'un Jurons et on veut me marier à la déesse des bonnes manières et du bon goût ! ironisai-je.

— Olympe est loin d'être une déesse, dit-elle avec le plus grand sérieux. Les gens à la cour du roi ne sont jamais ce qu'ils semblent être. Tout le monde porte un masque ici, c'est une question de... survie. Certains te jalousent, c'est vrai. Beaucoup auraient marié la belle Olympe... les propositions n'ont d'ailleurs pas manqué.

— Pfff! Pourquoi moi ? Pour l'argent ?

— Beaucoup de demandes venaient de familles de second rang. Le duc n'avait rien à espérer d'elles... ni prestige ni argent. Ne sont demeurés en lice que deux prétendants. Ta fortune et...

Sa voix à nouveau en suspens, d'un signe de tête, elle indiqua la direction d'un petit cercle de courtisans qui écoutaient avec gravité le comte de la Langue de Bois.

— Le comte ? Il voulait épouser Olympe ? Mais n'est-il pas l'ennemi de son père ?

— Quel tourment ça a été pour le duc de l'Imparfait du Subjonctif! Tu dois savoir la vérité... La Langue de Bois est effectivement le pire adversaire du duc. Pourtant, il est venu secrètement le voir... et s'est proposé pour épouser sa fille... *sans* exiger de dot.

— C'est un comble, au Conseil ils avaient l'air de se détester ! Je savais le duc fauché, mais à ce point-là !

— Dans le même temps, ton père, tout aussi secrètement, arrivait avec assez d'argent pour redorer le blason de la famille.

— Et voilà comment on m'a sacrifié ! Je suis qu'un pion dans leur jeu.

La marquise me révélait ces tractations comme de terribles secrets. Elle avait ouvert son éventail et l'avait placé devant sa bouche que seul moi pouvais voir.

— Le duc a hésité. Il était ruiné, il devait accepter l'une ou l'autre des propositions ou bien vendre le château de ses ancêtres... Ce qui revenait à clamer sur tous les toits de Senonces que la dynastie des Imparfait du Subjonctif était définitivement... finie. Le duc a beaucoup de défauts mais c'est un homme de principes. S'il avait accepté la proposition du comte, tout le monde aurait trouvé ça normal : un aristocrate de haut rang, voilà un beau parti pour sa petite Olympe ! Mais il voyait bien qu'en s'alliant avec la Langue de Bois, il n'aurait pu continuer à le combattre au Conseil du roi. Plus personne pour empêcher toutes ces lois stupides d'*interdiction positive*... Sans parler de la fameuse police de la Langue...

Elle prononça ces derniers mots avec gravité.

— Finalement, la Langue de Bois ne se serait marié à Olympe que pour imposer ses lois débiles ?

Je n'en croyais pas mes oreilles, personne à la cour n'agit donc par amour ? Mon père arrange un mariage pour un peu de prestige, le duc pour un peu d'argent, le comte pour un peu de pouvoir !

— Cette union aurait bien servi ses intérêts. Une fois chef de la police, il serait devenu l'homme le plus puissant du royaume alors que le roi est vieux et... Tu vois, ce mariage ne concerne pas que ton bonheur ou celui d'Olympe. Il y a la guerre avec les réformés de l'orthographe. L'époque est troublée et l'avenir du français est en jeu.

Comme s'il avait senti mon regard se poser sur lui, le comte de la Langue de Bois redressa son visage vers moi. Il glissa quelques mots aux personnes qui l'entouraient pour s'excuser et vint à notre rencontre.

— Pierre-Paul-Jacques, comte de la Langue de Bois, se présenta-t-il avec un sourire carnassier. Je suis heureux de faire la connaissance du futur duc de l'Imparfait du Subjonctif !

Je ne pus m'empêcher de frissonner. Il venait de dire tout haut ce que chacun dans la salle de bal pensait tout bas : je me mariais pour hériter d'un titre. D'un signe de tête, il salua la marquise. Le visage de celle-ci s'était fermé. Elle fit de même en retour, parlant d'une voix brusquement sans chaleur :

— Robinson, je te laisse. Que la soirée te soit...

Comme à son habitude, elle ne termina pas sa phrase. Le comte la regarda un instant s'éloigner. Le dédain se lisait sur son visage. Visiblement, Malva et lui n'avaient pas beaucoup d'estime l'un pour l'autre. Finalement, le visage de la Langue de Bois s'éclaira à nouveau d'un sourire.

— Je tenais à vous présenter mes félicitations pour votre projet d'avenir avec Olympe.

— Heu... merci beaucoup, balbutiai-je.

— Vous avez des sentiments d'ordre marital pour elle, n'est-ce pas ?

— Pas vraiment, avouai-je.

— Robinson, pour un contrat gagnant-gagnant il faut que les deux époux aient des sentiments d'ordre marital l'un pour l'autre. Comment voulez-vous devenir l'acteur de votre vie si vous vous laissez dicter votre conduite ? Vous devez faire un tri sélectif dans vos priorités d'avenir.

— Mais...

Je voulais me défendre, dire que je n'avais pas le choix... mais aucun argument valable ne me venait à l'esprit. Sans compter que tout ce charabia me laissait sur le [redacted].

— Et Olympe, reprit-il, que pense-t-elle de tout ça ?

— Pfff! elle me déteste !

— Alors il devrait être facile de renoncer à ce projet. Il faut valoriser vos différences spécifiques et agir en partenaire avec elle. La priorité des priorités, c'est l'agir ensemble !

Finalement, il avait raison : je devais peut-être forcer Olympe à m'écouter. Nous devions nous mettre d'accord et convaincre nos pères respectifs de renoncer à ce mariage.

Je ne songeai pas une seconde que le comte avait pu me dire ça pour revenir dans la course et ainsi obtenir la main de l'héritière. Et quand bien même : il voulait épouser la snobinarde ? Grand bien lui fasse !

Je pris congé du comte en le remerciant pour ses conseils et tentai une plongée dans la foule des convives.

Où un intrus pénètre dans le domaine alors que je cherche sans succès Olympe

Ce même soir, sur la route qui longe le domaine des Imparfait du Subjonctif, deux dragons patrouillaient.

— Avec les gens de la haute rien n'est trop beau, constata le premier. Les perruques, les carrosses, les gueuletons, c'est pour eux. Et les corvées, les marches de nuit, les plats de fayots, c'est pour nous.

— Et tout ça avec notre pognon, se lamenta le second. T'as le malheur de dire trois mots et tu leur dois déjà la moitié de ta solde.

— Trois mots, ça oui ! Trois mots qu'ils connaissent par cœur : taxe, impôt, redevance !

— Attends, regarde !

Loin devant eux, à un point de l'enceinte où le mur était effondré, ils pouvaient discerner une silhouette. Profitant de la brèche, elle franchit les éboulis pour pénétrer dans le domaine, s'avança sous le couvert des arbres et disparut.

— Il portait une épée à la ceinture, affirma le premier.

— Plutôt que de le poursuivre, on a aussi vite fait d'aller prévenir les autres, jugea le second.

Sans plus de discussion, les deux dragons remontèrent au pas de course la route jusqu'au portail du domaine.

Pendant ce temps-là, je faisais le tour de la piste, espérant voir Olympe parmi les danseurs. Je cherchais son profil hautain et sa chevelure blonde. Rien. Je passai en revue les tables dressées pour voir si elle faisait partie des convives. Je remarquai mon père qui riait de toutes ses dents, les coudes posés sur la table, les mains dégoulinant de sauce. Une large serviette blanche était nouée autour de son cou (ou peut-être était-ce carrément la nappe) et présentait un échantillon de tous les plats qui avaient pu être servis ce soir-là. Une vieille dame à la table voisine le regardait avec un air de dégoût. Elle tenait un mouchoir en soie devant sa bouche comme pour prévenir un haut-le-cœur.

— C'est moi qui régale, alors j'me régale ! tonna-t-il en me voyant passer.

Déjà je poursuivais mes recherches. Où pouvait-elle bien se planquer ? Elle n'était pas dans la salle de bal, aussi je commençai une tournée des boudoirs. Les Imparfait du Subjonctif les collectionnent. Au cas où ils voudraient tous bouder la compagnie en même temps, sans doute.

Le boudoir Grenat était vide. Le boudoir Aphrodite était plein, mais Olympe n'était pas là. Je tentai le boudoir aux Prières, entrai sans frapper et surprit la duchesse de l'Imparfait du Subjonctif.

Elle avait retiré sa perruque blanche qui traînait sur le *Saint Dictionnaire de l'Académie* comme un chiffon. Je ne la reconnus pas tout de suite avec ses vrais cheveux en chignon et ses yeux rougis d'avoir pleuré. En me voyant, elle tenta de masquer la bouteille et le verre posés sur la table basse devant elle, et ne parvint qu'à renverser leur contenu sur le tapis.

— Je... je récitais quelques conjugaisons, marmonna-t-elle d'une voix pâteuse. Je suis une femme pieuse, vous savez. C'est important de dire ses conjugaisons et ses exceptions – hips ! – excusez-moi.

Je me sentais très gêné d'assister à une telle scène. Elle était ivre. La pauvre femme joignit les mains et, les yeux au ciel, commença à déclamer d'une voix qui déraillait :

— Les noms en *-al* font leur pluriel en *-aux* à l'exception de *carnaval, chacal, festival, récital*... euh... j'en oublie, non ? demanda-t-elle en posant sur moi un regard trouble.

— *Bal*, madame. On dit des *bals* et non des *baux*.

— Ne me parlez pas de bal, pas ce soir... Quel infâme mascarade... Bal à la [redacted] ! gloussa-t-elle comme une demoiselle qui viendrait de s'envoyer son premier verre de vin blanc. Maintenant, je peux dire ça : « un bal à la [redacted] ». Après tout, ma famille est liée à celle des Jurons, non ? Je vous promets que je n'ai jamais dit une seule vulgarité de toute ma vie. Maintenant je peux le dire : ce bal est vraiment un bal à la [redacted] !

Elle hurla presque ce dernier mot avant de partir dans un grand éclat de rire. Elle riait tellement que son corps semblait pris de convulsions. Elle finit par glisser de son fauteuil et se retrouva les fesses par terre.

— Vous allez bien, madame la duchesse ?

— Oh ! j'ai tombé, dit-elle simplement avant de se remettre à rire. Elle était vraiment plus que pompette.

— Vous avez vu Olympe ?

— Pfff ! Cette [redacted] d'Olympe ? ricana-t-elle. C'est vous qui avez raison, c'est une [redacted]. Pas vue. Elle me parle plus, elle parle plus à personne. Pas vue, envolée, mariée…

Son rire s'étrangla et elle se mit à sangloter. Quelques secondes seulement. Déjà son menton tombait sur sa poitrine. Elle ronflait.

L'intrus, aussi silencieux qu'un *e* muet, s'était enfoncé dans la jungle du parc des Imparfait du Subjonctif. Il était à présent au bord du grand lac qui s'étendait au cœur même des jardins. Les échos du bal ne parvenaient pas jusque-là et il aurait pu se croire seul au monde. Il observa la petite île au centre du plan d'eau. Une chapelle minuscule s'y dressait, surmontée du A majuscule, symbole de notre Très Sainte Église linguistique et romane. Il fit courir son regard sur le rivage à la recherche du ponton. Une barge à fond plat y était accostée. Prestement, il en défit l'amarre et gagna l'îlot en poussant sur une perche. Au même moment, les deux dragons prévenaient leur capitaine qu'ils avaient vu un homme armé franchir le mur d'enceinte du domaine…

J'abandonnai la duchesse dans le boudoir aux Prières. Dans la salle de bal, les invités continuaient de danser, de manger, de cancaner. En passant, je remarquai que le vicomte de la Cédille parvenait à faire ces trois choses à la fois. En poussant la porte du boudoir aux Portraits, je tombai sur le duc de l'Imparfait du Subjonctif, seul. Sa main était encore posée sur le fermoir du judas. Et moi qui espérais tomber sur mon ex-future femme !

— Il complote avec l'Impératif, glapit-il d'indignation en me voyant. Ils se sont retirés dans le boudoir Vert.

— Je ne l'ai pas encore fait celui-là, remarquai-je pour moi-même.

— Qu'il complotât par le passé dans mon dos, certes je dois admettre que je l'avais craint. Mais qu'il eût osé venir jusque chez moi pour le faire ! Qu'est-ce qu'ils peuvent bien se dire ?

— Excusez-moi de vous déranger mais...

— L'Impératif et la Langue de Bois, les gredins !

— Si vous ne vouliez pas qu'il complote chez vous, pourquoi l'avoir invité ?

— Qu'il *complotât* ! me corrigea le duc. Ils trament quelque chose... L'Impératif est un homme sérieux, un militaire issu d'une vieille famille respectable. J'ai bien connu son père. Il est exclu qu'il eût pactisé avec des gens qui eussent soutenu de telles inepties. Qu'est-ce qu'il fait avec ce Machiavel d'opérette ? Et dans mon boudoir Vert en plus. Qui, je vous en informe, jeune homme, est un lieu fait pour abriter des tractations secrètes, des complots mystérieux, des alliances inattendues, des...

Le duc s'emportait, passait nerveusement les mains dans ses cheveux. Son monocle était tombé et faisait le pendule au bout de sa chaîne. Je suivais avec effort ses paroles. Il parlait de plus en plus vite, usant de temps si rarement employés que son discours sonna bientôt comme une langue étrangère à mes oreilles. Je préférai couper court.

— Monsieur le duc, excusez-moi de vous déranger, mais... je cherche votre fille.

— Ma fille ? demanda-t-il comme s'il ne voyait pas de qui je voulais parler. Ah oui !... elle est sortie prendre l'air sur la terrasse, enfin je crois.

— Merci, monsieur le duc.

Il ouvrait le judas pour y recoller son monocle que j'étais déjà sorti.

L'intrus, une fois sur l'îlot, s'accroupit au bord de l'eau. Il positionna la barge devant lui, prit le temps de viser, et poussa doucement l'esquif. L'embarcation alla mourir sans heurt sur la rive. Rien ne laissait soupçonner que quelqu'un venait de traverser avec. Un sourire satisfait se dessina sur le visage de l'homme mystérieux. Il pénétra dans la chapelle et inspecta les lieux. Le pauvre édifice était au bord de la ruine. Les vitraux étaient brisés et de la mousse s'étendait sur les murs. Il s'installa sur un banc, surveillant ce qui se passait à l'extérieur par l'entrebâillement de la porte.

À cet instant précis, le capitaine des dragons frappait à la porte du boudoir Vert. Il venait informer son supérieur, le duc de l'Impératif, qu'un homme à l'identité inconnue et armé d'une épée avait été repéré dans les jardins du domaine.

Je sortais sur la terrasse au même instant, plus décidé que jamais à refuser le trait d'union entre ma fiancée et moi : pas question de former un nom composé avec elle ! Beaucoup d'invités, fatigués par la chaleur et le bruit, avaient trouvé refuge à l'extérieur. L'atmosphère était bien moins guindée qu'au début de la soirée. Un baronnet au teint rubicond avait abandonné sa collerette pour se mettre à son aise, une vicomtesse assise sur le parapet retirait ses chaussures qui la faisaient souffrir. Je croisai deux femmes qui titubaient en se soutenant l'une l'autre. Un peu en retrait, un jeune homme penchait son visage vers une courtisane pour lui glisser des mots tendres. J'aperçus une silhouette qui descendait par l'escalier donnant sur le jardin : Olympe !

Une simple tache colorée m'indiqua qu'elle avait disparu sous les grands arbres après avoir traversé la pelouse baignée de lune. Je m'élançai et dévalai les marches à sa poursuite. Elle connaissait les lieux parfaitement. Chaque recoin de cet immense domaine, chaque arbre, chaque chemin lui étaient familiers. Malgré le noir presque total, elle avançait sans problème tandis que je progressais difficilement.

Mais que signifiait cette fuite ? Une fugue ? Ma chance fut qu'elle portait une robe très claire qui m'aidait à la repérer dans l'obscurité. Je parvins à conserver sa trace, même si la distance entre nous augmentait. J'aurais mieux fait de regarder un peu plus devant moi. J'évitais les arbres, pressant le pas. La végétation se faisait plus agressive, le terrain plus accidenté. Une ronce fouetta mon visage...

Plouf !

Mon pied venait de s'enfoncer dans l'eau jusqu'à mi-mollet. Un lac dévoilait sa face lisse comme une plaque de métal. Seuls de petits cercles, grossissant depuis ma jambe, en perturbaient la surface. Je râlai, ma chaussure était resté perdue dans la boue quand j'avais retiré mon pied. Je retroussai ma manche pour sonder l'endroit et finis par mettre la main dessus. Je claudiquai quelques pas en cherchant une trace d'Olympe. J'avais retrouvé mon soulier mais j'avais perdu la belle. À chaque pas, mon pied droit faisait une sorte de « slurp ! » dans ma chaussure. Olympe devait être loin à présent et je m'apprêtais à faire demi-tour quand elle m'apparut.

À trente ou quarante pas, elle glissait à la surface des eaux dans le silence de la nuit. Je longeai le bord du lac sans la perdre des yeux. Sous le couvert des arbres, elle ne pouvait me voir. Qu'est-ce qu'elle faisait là ? Jusque-là elle m'agaçait, à présent elle m'intriguait.

Quelle poisse ! me voilà perdu dans une jungle hostile ! Et tout ça pour rien : je ne risquais pas de la rejoindre, je ne sais pas nager ! C'est ça de vivre sous terre, les baignades sont rares. La duchesse avait raison : quel bal à la [redacted] ! Qu'est-ce qui aurait pu m'arriver de pire ? J'en étais là de mes réflexions quand des aboiements retentirent.

Où je manque de me faire dévorer
par des chiens avant de tirer Olympe
d'un fort mauvais pas

L'évidence me sauta aux oreilles : ils approchaient. Et ils étaient nombreux. C'est moi qu'ils traquent ? Instinctivement, j'accélérai l'allure dans le sens opposé aux aboiements. Dans un rayon de lune, j'aperçus Olympe qui abordait une île minuscule à quelques mètres du bord. Une sorte de chapelle en ruine, mangée par le lierre s'y élevait. Qu'est-ce qu'elle allait faire là au milieu de la nuit ? Je ne ralentis qu'un instant pour me poser la question. Les chiens étaient maintenant tout proches. Je pouvais entendre leur course dans les fourrés. Dans une seconde, c'est leurs crocs qui seraient sur moi.

Pris de panique, je m'élançai vers un arbre et commençai à l'escalader alors que le premier molosse bondissait déjà. Sa mâchoire se referma sur mon pied (celui qui était resté au sec) et l'animal gesticula comme pour m'arracher la jambe. Il ne parvint qu'à déchirer le cuir de mon soulier et je pus sauver mes orteils alors que déjà je l'entendais déchiqueter ma chaussure en grognant. Un deuxième chien arriva, bientôt un troisième, un quatrième... j'entendais comme en écho d'autres aboiements plus lointains. Mais, par tous les *s* de saint Pluriel, combien étaient-ils ? Je grimpai encore pour me mettre à l'abri, ces monstres étaient capables de sauts prodigieux.

Je cherchai désespérément un moyen de fuir quand aux cris des bêtes s'ajoutèrent ceux des hommes. Les dragons ! Je vis luire le métal de leurs mousquets sous le couvert des arbres. À droite, à gauche, en haut, en bas. Aucune issue possible... à moins que... cette branche semblait s'étendre jusqu'au toit de la petite chapelle. Seulement, serait-elle assez épaisse pour supporter mon poids ? Sur l'îlot, les chiens ne pourraient m'atteindre. De plus, une fois là-bas, je pourrais toujours leur balancer Olympe à bouffer pour tenter d'apaiser leur fringale de chair fraîche...

— Les chiens ont trouvé quelque chose, cria un des dragons en arrivant.

— On le tient ! s'exclama un autre.

Mais qu'est-ce que je leur ai fait ? Les aboiements se calmaient pour laisser place aux jappements. Les maîtres félicitaient leurs bêtes. Crrr... Je sentais le bois céder, je n'osais plus bouger... En tendant le bras j'aurais maintenant pu toucher le toit de la chapelle.

— Il a trouvé refuge sur l'île, hurla un des soldats en remarquant la barge qui y était accostée.

Des lanternes s'agitaient sur le rivage. J'effleurai la pierre blanche du vieux bâtiment mangé de lierre. Crrr...

— Au nom de Sa Majesté, rendez-vous ! ordonna un officier.

Par chance, l'ombre de l'arbre me masquait aux yeux de tous. Mes doigts se racornirent sur le bord du toit, je l'avais, crrr... Le chef ordonna à ses hommes de tirer une salve d'avertissement. Les cliquetis des mousquets que l'on arme crépitèrent dans la nuit, comme une volée de moineaux, avant que le cri, déchirant et unanime, d'une douzaine de fusils ne s'élève. Crac ! La branche avait cédé. Dans le tumulte des détonations, personne ne l'entendit. Je tombai sur l'îlot en me retenant de pousser un juron. En rampant, je passai de l'autre côté du bâtiment, hors de vue des soldats.

— J'ai vu quelque chose bouger ! hurla un des dragons.

Il fallait que je me sorte de là. À l'arrière de la chapelle, un grand vitrail avait dû s'élever autrefois. Cela faisait longtemps que le verre et le plomb qui le sertissaient avaient disparu. Je me relevai silencieusement pour jeter un œil par l'ouverture. Mes yeux s'ouvrirent comme des O majuscules. Si je m'attendais... Olympe n'était pas seule.

Par la faible clarté qui baignait l'intérieur de ce temple minuscule et à l'abandon, je vis deux silhouettes se faisant face. Elles se tenaient mutuellement les mains à hauteur de poitrine, leurs visages l'un contre l'autre. Elles s'enlaçaient.

— Plus d'avertissement ! cria le capitaine depuis la berge. À la prochaine salve, nous tirons à hauteur d'homme !

Olympe repoussa d'un geste doux l'homme qui l'embrassait, cet intrus qui courageusement avait bravé les dragons pour pénétrer dans le domaine des Imparfait du Subjonctif. Il voulut la retenir, elle arrêta son geste en saisissant son bras.

— Je t'interdis de sortir d'ici, chuchota-t-elle. Promets !

Ils demeurèrent un instant immobiles.

Elle le suppliait des yeux.

— Promis, souffla-t-il.

Elle disparut par la porte de la chapelle qu'elle referma derrière elle. Dans le rayon de lune qui traversa un bref instant l'intérieur de ce sanctuaire, j'aperçus les traits du jeune homme : à peine plus âgé que moi, une abondante chevelure tombant sur ses épaules, chemise ouverte, foulard sombre noué autour du cou. Il avait l'allure d'un véritable aventurier.

— Ne tirez pas, je suis Olympe de l'Imparfait du Subjonctif, fille du duc Achille et de la duchesse Hélène !

Il y eut un silence, même les chiens semblaient étonnés. Les dragons voyaient à présent distinctement une fine silhouette se dresser devant la porte de la chapelle dans une robe élégante.

— La fille du duc ? s'exclama l'officier d'une voix soudain moins assurée. Vous m'aviez dit qu'il s'agissait d'un homme ?

— C'est un homme qu'on a vu, assura l'un des dragons. Et avec une épée.

— Aussi sûr qu'un cheval plus un cheval font deux chevaux, appuya son compère.

— Avec ceux de la haute, faut faire attention. Si je la malmène trop, ça va mal finir pour moi, conclut le capitaine.

Il hésita un instant. Elle n'était pas seule, c'était évident.

— Mademoiselle, finit-il par crier, demandez à la personne qui vous accompagne de sortir de la chapelle.

La jeune fille pensait que de brandir le nom de son père suffirait à calmer les soldats.

Elle se sentit désarçonnée devant la demande du capitaine.

— Euh... je suis seule ici, tenta-t-elle d'une voix mal assurée.

Le dragon leva la main pour faire signe à ses hommes de rester sur leurs gardes. Cette fille était peut-être ce qu'elle affirmait être, mais elle cachait quelque chose.

— Dites à cette personne de sortir à découvert, répéta-t-il d'une voix aussi ferme que ses pectoraux.

Olympe avança d'un pas. L'eau du lac léchait ses escarpins. Peu importe, elle voulait montrer sa détermination. Sa réelle détermination. Elle se sentait prête à mourir pour l'homme qu'elle aimait. Je continuais d'observer dans l'ombre. Je ne voulais pas me faire repérer. J'entendais à l'intérieur de la chapelle l'amant d'Olympe qui faisait les cent pas. Allait-il se rendre ?

— Je suis seule, officier, maintenant veuillez demander à vos hommes de baisser leurs armes, exigea Olympe avec un aplomb retrouvé.

Le capitaine soupira, il était certain que la jeune fille n'était pas seule sur l'îlot. Était-elle la complice de l'intrus, ou son otage ? Peut-être avait-elle un pistolet braqué sur elle ? La situation était délicate. Une légère brise se leva et les arbres bruissèrent un court moment avant de se taire, comme un public invisible qui retiendrait son souffle.

— Olympe ! glapit une voix.

Je reconnus le duc de l'Imparfait du Subjonctif. Un juron suivit bientôt, que j'attribuai sans l'ombre d'un doute à mon père. Olympe n'était qu'à quelques pas de moi, me tournant le dos. La lumière de la lune faisait scintiller sa robe. Une foule se massait à présent sur la berge. Attirés par les aboiements des chiens, les cris et les coups de mousquet, les convives s'étaient empressés d'accourir sur les lieux pour ne pas manquer ce qui semblait s'annoncer comme le clou de la soirée. Une chasse à l'homme dans le domaine de leur hôte !

Le père d'Olympe se tenait, frêle comme un roseau, planté sur le bord du lac. À ses côtés, le chevalier des Jurons, mon père, se grattait le ventre d'un air perplexe. Que signifiait cette mascarade ? La future de son rejeton sous la menace des dragons ! Qu'ils n'aillent pas la trouer avec leurs joujoux. Les curieux arrivaient de plus en plus nombreux, bientôt toute la cour allait assister au dénouement de cette affaire. La belle Olympe devrait révéler son bellâtre aux yeux de tous ou bien tenter de danser entre les balles de mousquet.

— Vous n'allez pas tuer ma petite fille, s'épouvanta la duchesse en s'élançant au-devant des dragons pour faire barrage de son corps.

Elle avait dû tituber jusque-là, mais la vision de son enfant sous la menace des fusils l'avait subitement dégrisée. Le duc de l'Impératif la retint avec fermeté.

— Restez calme, madame la duchesse, dit-il d'un ton sans réplique. Mon capitaine m'assure qu'un intrus est avec votre fille sur cette île. Nous pensons qu'il la menace d'une arme. Tirons-la de ce guêpier sans qu'aucun mal ne lui soit fait.

La pauvre duchesse défaillit dans les bras du militaire.

— Duc, venez récupérer votre épouse, grogna l'Impératif. J'ai un assaut à superviser.

Les yeux d'Olympe se troublèrent enfin d'un peu de doute. Son nom comme l'intervention de ses parents n'avaient pas fait renoncer les soldats. Alors autant se sacrifier tout de suite..., tomber sous les balles avec lui et partir ensemble vers un monde meilleur. Un monde où les pères désargentés ne vendent pas leur fille à des simplets dégénérés pour rafistoler leur château à l'œil, un monde où l'amour est la seule grammaire qui vaille, où les terminaisons ne s'accordent ni par le genre, ni par le nombre, mais par les sentiments, un monde où les exceptions grammaticales seraient la règle...

La porte de la chapelle grinça. La seule fin possible. Il allait la rejoindre. Ils allaient périr sous la mitraille, main dans la main, cœur contre cœur...

-AZ-

— Robinson, ben mon cochon ! jura mon père quand il me vit apparaître au côté d'Olympe.

Un murmure d'exclamation bruissa dans la foule. La duchesse, qui se remettait juste de ses émotions, défaillit à nouveau. Déjà le duc de l'Impératif ordonnait à ses hommes de ne pas tirer.

— Mais, monsieur, n'est-ce pas l'intrus ? s'enquit le capitaine qui voyait déjà que l'affaire tournait mal pour lui.

— Cessez de discuter mes ordres, capitaine ! aboya le duc. Ce freluquet, c'est son futur époux !

— Mais, mais...

— Il n'y a pas de mais, éructa le duc. Votre intrus, il est déjà loin. Pendant que vous vous acharniez sur ces deux pauvres tourtereaux, il a eu le temps de faire trois fois le tour du propriétaire en jouant du clairon.

— Bah alors, qu'est-ce qu'ils font là ? se lamenta le capitaine.

— D'après vous ? Ils vont se marier dans deux semaines...

— Oh ! fit le capitaine qui comprenait enfin.

— Ah ! fit la duchesse en s'évanouissant pour de bon. Elle aussi venait de comprendre.

J'invitai Olympe à monter sur la barge.

— Robinson, que diantre faites-vous là ? siffla-t-elle entre ses dents.

— Je te sauve, toi et ton mignon, répliquai-je à voix basse. Ne me remercie surtout pas !

Elle me scruta alors que je dirigeais l'embarcation. En s'approchant de la berge, son attitude changea du tout au tout. Son visage s'éclaira d'un sourire.

— Je vous ai mal jugé, chuchota-t-elle en s'approchant. Vous êtes courageux et votre attitude est pleine de noblesse.

Elle était à présent si près de moi que je pouvais voir le reflet de la lune dans ses yeux bleus.

— Je vous dois la vie, je ne l'oublierai pas.

Je sentais son souffle, tout contre ma bouche.

— Finalement, vous ferez un bon époux.

J'étais grandement troublé, elle venait de poser sa main sur mon épaule. La barge glissait lentement vers le rivage, nous étions aussi immobiles que des statues. Dans la cour assemblée, la bonne humeur était revenue. On commentait le clou de la soirée. *Ferez ?* Pourquoi ce futur ? *Feriez !* Conditionnel : *Finalement, vous feriez un bon époux.* Elle aurait dû le dire au conditionnel !

Notre embarcation s'échoua mollement sur la berge, mes jambes flageolèrent et je manquai de perdre l'équilibre.

Quelques invités applaudirent quand nous posâmes le pied sur le rivage (pour ma part, celui de gauche était en chaussette et celui de droite couvert de boue). Ils trouvaient la situation follement romantique. Par contre, de vieilles rombières et de vieux tromblons s'offusquèrent. Ils trouvaient la situation terriblement scandaleuse. Le comte de la Langue de Bois se contenta de la juger *inappropriée.*

— Quelle honte pour la famille de l'Imparfait du Subjonctif d'avoir une fille aussi dévergondée !

— Ils ne sont même pas mariés ! Quelle époque ! il est fini le temps où une jeune fille arrivait à l'infinitif devant l'autel...

— Maintenant on se conjugue dès le premier soir ! Avec ces bons à rien de Jurons, ça ne m'étonne pas. Une famille pareille !

Déjà la duchesse, dont le visage venait de passer du blanc de l'évanouissement à l'écarlate de la colère, se dirigeait à grands pas vers nous. Elle était décidée à mettre fin à cette indécence. Olympe me chuchota un dernier mot à l'oreille :

— Dans la chapelle, je venais pour faire mes adieux. Mon seul amour, à présent, c'est vous.

Elle allait poser ses lèvres sur ma joue quand sa mère l'empoigna violemment pour nous séparer. Je les regardais toutes les deux prendre le chemin du château. Non, mais... qu'est-ce qu'elle me faisait, là ? Moi, son *seul amour* ? C'était quoi ces [redacted] ?

Acte III

Dans les bas-fonds de Senonces

Où je découvre le secret d'Olympe et Kristof

Le soleil allait se lever comme tous les matins. Comme tous les matins ? À en croire mes précepteurs. Après tout, je vivais sous terre depuis toujours. Je ne connaissais le principe de succession des jours et des nuits que par ce qu'on m'en avait dit. Pour la première fois, j'allais assister au spectacle de mes propres yeux. Emmitouflé d'une couverture, je franchis la lourde porte de notre domaine. À l'horizon, le ciel s'éclaircissait en silence.

Depuis une semaine que je fréquentais la surface, j'avais appris beaucoup de choses. Le monde était en fait bien plus compliqué que dans les livres. Je n'avais qu'une envie : retourner sous terre pour y mener ma vie paisible d'avant. Mais il me fallait agir avant cela. Sinon, j'allais me retrouver à faire des courbettes, une perruque sur la tête, pour le restant de mes jours.

Nous avions quitté le bal après l'incident du lac. Mon père était venu à ma rencontre alors que déjà Olympe regagnait le château, escortée par sa mère. Il avait claqué mon épaule avec sa large main, me faisant lâcher un juron de douleur.

— Mon garçon, bravo. Comment tu l'as mise dans ta poche, la gigolette ! Je te pensais pas avoir assez d'audace pour un tel exploit !

Il avait continué de me complimenter mais je n'écoutais pas. J'en avais assez, je n'avais qu'une envie : rentrer à la maison. La cour, en désordre, avait regagné dans l'obscurité la salle de bal. L'orchestre avait repris. Olympe avait disparu dans sa chambre, sans doute enfermée à double tour par la duchesse. Le roi était sur le départ, toujours talonné par les trois sœurs de la Prétérition. Le duc de l'Impératif menaçait le pauvre capitaine d'être rétrogradé porteur d'eau dans les armées de Sa Majesté. La fête touchait à sa fin. Quelques emplumés continueraient de tourner au son des violons, de cancaner sur mon compte et de vider consciencieusement les tonneaux de vin offerts par mon père pour la réception.

J'avais gagné notre carrosse en boitant. Voilà que j'étais à présent le *seul amour* d'Olympe ! Je lui avais sauvé la mise, mais tout de même ! Subitement elle s'amourachait, se réjouissait de ce mariage ? J'avais du mal à croire à ce revirement. Elle m'avait embobiné. Cela me travailla toute la nuit.

Je passais en revue les événements de la soirée, mais toujours le flot de mes réflexions me ramenait à l'amant d'Olympe. Voici ce qui s'était passé : je ne pouvais quand même pas laisser ces deux-là face à la meute des courtisans et des dragons ! Je m'étais glissé à l'intérieur de la chapelle. Le jeune homme, aussitôt, avait porté la main au pommeau de son arme. Un instant, il dut croire que j'étais un dragon qui le prenait à revers.

— N'ayez crainte. Je suis Robinson, chuchotai-je une fois descendu près de lui. Je vais faire croire que c'est moi qui étais avec Olympe.

Il m'étudia de pied en cap.

— Je ne cèderai pas ma place, déclara-t-il en tranchant les airs avec un geste vif de son doigt tendu. S'il faut mourir, je mourrai.

Sa voix était murmurée mais son ton décidé semblait sans réplique.

— Vous êtes fou ! Et Olympe, vous n'allez pas la laisser se faire tuer ?

Il avait gardé le silence quelques longues secondes alors que dehors prenaient fin les pourparlers entre Olympe et le capitaine des dragons. Finalement, ses yeux se dirigèrent vers la porte qui le séparait de la jeune fille. Il soupira en hochant la tête.

— Vous avez raison, je dois le reconnaitre, et il leva le poing fermé devant lui. Je m'appelle Kristof, dit-il en me tendant la main.

— Très bien. Bon, vous restez là. Moi, je sors rejoindre Olympe.

— J'ai une dette envers vous, je ne l'oublierai pas !

Ces quelques phrases échangées avec le jeune homme n'avaient cessé de me hanter. Et plus que ses mots, ses gestes… On aurait dit un code, un langage secret… C'est ça qui m'avait obsédé toute la nuit.

Je trouvai dans notre bibliothèque un essai sur le langage des signes, un autre sur les symboles et un troisième sur les codes secrets. Aucun ne me renseigna sur l'index qui s'abaisse de gauche à droite, ni sur le poing levé. Le dernier ouvrage parlait de plusieurs sociétés secrètes qui possèdent leur propre langage codé. Je me mis alors à chercher des livres sur ces groupes mystérieux. Se pouvait-il que l'amant d'Olympe appartînt à l'une de ces sectes ? Je ne trouvai pas grand-chose malgré la quantité de bouquins à ma disposition. L'information pouvait être là, quelque part, mais où ?

Je feuilletai au hasard des ouvrages. En manipulant un lourd exemplaire du *Saint Dictionnaire de l'Académie*, une liasse coincée entre deux forts volumes s'éparpilla sur le sol. Je poussai un juron (bien entendu) en me penchant pour ramasser les feuilles. J'arrêtai mon geste. Sur l'un des papiers, une main avec l'index plié à l'horizontale était représentée. J'étalai les autres pages devant moi. Une main tranchant l'air devant elle : le signe de Kristof! Et là, un poing levé. J'avais trouvé.

Je cherchai la première page et découvris le titre de cet étrange fascicule : *Grandes et Petites Révélations sur la Langue prétendument réformée.* Un frisson me courut le long du dos. Kristof était donc un insurgé, comme l'homme qui avait tenté d'assassiner Alexandre I au Conseil. Un de ces partisans de la Réforme de la Langue que traquaient les dragons sans relâche. De véritables révolutionnaires, prêts à s'en prendre au dogme des doubles consonnes et à la tyrannie des accents circonflexes. Ces gestes codés qui accompagnaient leurs paroles étaient une façon de montrer qu'ils écrivaient tel ou tel mot à leur manière.

Un poing levé pour signifier qu'on préfère un point sur le *i* qu'un circonflexe, comme dans *reconnaitre* au lieu de *reconnaître*. Le doigt zébrant l'air pour marquer un accent aigu ou grave, comme dans *cèderai* au lieu de *céderai*. Et ainsi de suite pour tout ce qui leur apparaissait comme une oppression linguistique insupportable.

Je comprenais maintenant pourquoi Olympe et Kristof ne pouvaient vivre leur amour au grand jour. Il me restait à décider ce que j'allais faire de ma trouvaille.

M

Où je décide de passer à l'action
en allant prendre le thé chez la duchesse

L'après-midi même, je fis atteler le carrosse pour me rendre au domaine des Imparfait du Subjonctif. J'étais décidé à parler avec Olympe pour lui tirer les vers du nez. Toutefois, j'aurais dû m'en douter, après le scandale de la veille, on refusait que je puisse la voir en tête à tête. Je me retrouvai donc à boire le thé avec la mère et la fille. Mon idée était de savoir où trouver Kristof. Mais la belle ne me dirait rien avec la duchesse dans les parages. Il allait me falloir finauder.

Dans le petit salon, l'atmosphère était aussi tendue que lors de ma première visite. Olympe ne cessait d'accabler de reproches ses parents : son père était un vieux chnoque qui vivait encore au Moyen-Français et sa mère n'avait pas plus de personnalité qu'un verbe à l'infinitif ! Elle semblait très remontée contre eux.

Je pouvais fort bien le comprendre, mais, en attendant, je ne parvenais pas à en placer une. Je tentai à plusieurs reprises d'orienter la conversation, peine perdue. Olympe me gratifiait d'une œillade d'amoureuse sonnant aussi faux qu'un « Si j'aurais su, j'aurais pas venu. » Et repartait de plus belle dans une tirade enflammée sur la règle de grammaire, injuste à l'en croire, qui veut que l'accord avec le masculin l'emporte toujours sur le féminin.

— C'est le rôle d'une épouse de soutenir son mari, rétorquait la duchesse.

— Et c'est votre rôle, mère, de boire du cognac en douce ?

— Olympe ! glapit la maîtresse de maison avec un écœurement encore plus grand que si sa fille venait de lâcher une bordée de jurons.

Je profitai du silence indigné entre la mère et la fille pour faire une nouvelle tentative :

— Si je peux me permettre... Il est injuste qu'on choisisse ton époux à ta place, il faut le reconnaitre.

Je conclus ma phrase en levant le poing. La colère de la jeune fille s'évapora aussitôt. Elle resta à me regarder, la bouche ouverte. Je venais d'utiliser un des codes des réformés !

— Pour un tel évènement, ça se comprend, précisai-je en traçant deux lignes horizontales de l'index, de droite à gauche pour le *é* et de gauche à droite pour le *è*. Vous savez bien que dans la chapelle cette nuit...

Je vis les yeux d'Olympe s'élargir encore, on aurait dit le double O de ZOO. Quelle bestiole étais-je donc pour utiliser ce langage secret ?

— Ne parlez plus de ce scandale, intervint la duchesse. J'accepte de vous recevoir, mais ce n'est pas pour que vous évoquiez avec ma fille vos... vos... vos turpitudes !

— Turpitudes ! m'offusquai-je. Pas du tout, nous avons parlé grammaire.

— De grammaire ? répéta la duchesse, incrédule. Et pourquoi vous être cachés sur cette île pour cela ?

— Mais, madame, parce que votre fille m'a soutenu que c'était là qu'elle se sentait le plus proche de notre Très Sainte Langue française ! Elle m'a avoué qu'elle s'y rendait souvent pour réciter ses conjugaisons.

— Olympe ! Tu m'avais caché cela.

— Bien sûr qu'elle ne vous a rien dit. Elle préfère jouer la rebelle devant vous, mais Olympe est une fille... très pieuse. L'orthographe, la syntaxe, tout ça... Vous pouvez être fière d'elle.

— Olympe, ma chérie... est-ce vrai ? Pendant tout ce temps, tu jouais la comédie ?

Des larmes de joie inondaient les joues de la duchesse alors qu'elle tombait dans les bras de sa fille pour la serrer contre son cœur. Celle-ci accepta l'étreinte en soupirant.

Après de courtes effusions, la mère reprit sa place en s'essuyant les yeux.

— Je suis désolée pour ce spectacle, s'excusa-t-elle.

— Ce n'est rien, assurai-je. Je venais justement pour avoir des renseignements sur le grammairien dont vous m'aviez parlé cette nuit.

— Le grammairien ? demanda Olympe, sans comprendre où je voulais en venir.

— Mais si, ce Kristof machin-chose, vous savez le spécialiste du complément circonstanciel de lieu.

En entendant ainsi le prénom de son amant prononcé devant sa mère, Olympe ne put s'empêcher de rougir. Elle bafouilla quelques mots incompréhensibles.

— Ma petite chérie qui lit en cachette les grammairiens ! s'émut la duchesse. Si je m'étais doutée, si je m'étais doutée... Je m'en veux tellement de t'avoir mal jugée.

— C'est amusant pour un spécialiste du complément circonstanciel de lieu, poursuivis-je, mais je ne sais pas où trouver son ouvrage.

— Son ouvrage ?

— Oui, je cherche le lieu où je pourrais trouver Kristof machin-truc..., enfin son livre.

— Ah ! son livre ! s'exclama Olympe, qui comprenait enfin où je voulais en venir. Oui, bien sûr. Vous devriez pouvoir le trouver à Senonces. Son livre le plus connu s'appelle *Les Arènes.*

— *Les Arènes* ? dis-je avec enthousiasme (elle venait enfin de me dire ce que j'attendais : c'est aux arènes de Senonces que j'allais pouvoir trouver Kristof). Quel merveilleux titre, n'est-ce pas ? L'auteur montre ainsi que l'usage du complément circonstanciel de lieu est un véritable combat.

— En effet, pour bien saisir toute la subtilité des compléments circonstanciels de lieu, il faut plonger dans *Les Arènes*, confirma la jeune femme.

— Oui, acquiesça la duchesse, un très beau titre. Il faudra que je le lise, on n'étudie jamais assez sa grammaire. Une autre tasse de thé, cher Robinson ?

Dès mon retour au domaine des Jurons, je me précipitai à la bibliothèque. Mon père fit bientôt irruption, j'étais déjà en train de consulter un plan de Senonces pour y trouver des arènes.

— Alors, t'as pris l'air, grande saucisse ? renifla-t-il.

— Oui, ça m'a fait beaucoup de bien, cornichon, répondis-je sans lever les yeux de la carte. Tu as déjà entendu parler d'arènes qui se trouveraient à Senonces ?

— Non, pourquoi veux-tu qu'il y ait des arènes à Senonces ? Tu veux organiser un combat de gladiateurs, banane ?

— Un combat de gladiateurs ? Mais oui, bien sûr... T'es une crème !

J'abandonnai mon plan pour feuilleter aussitôt un livre sur l'histoire de la ville.

— Robinson, mais qu'est-ce que tu cherches à la fin ? Tu vas chez le duc sans m'en avertir, tu te cloques le poireau dans les bouquins dès que t'as une minute, c'est quoi ces salades ?

« L'origine de Senonces est très ancienne et remonte à l'époque gallo-latine. »

— Pas du tout. D'abord, c'est pas le duc que j'allais voir, mais sa fille. Tu sais, celle que je vais épouser dans quinze jours. Je cherche juste à faire mieux connaissance, c'est un crime ? T'as pas fréquenté un peu ma mère avant de l'épouser, toi ? tu me prends pour une truffe ?

« L'Empire du latin a envahi le Royaume du gaulois et a débarqué avec non seulement sa langue, mais aussi son mode de vie. On a donc construit à Senonces des thermes, un forum et des arènes. »

— Heu, si un peu, avoua mon père à mi-voix. Tu sais que j'aime pas trop causer de ça. Je comprends que tu veuilles voir

Olympe, c'est une belle plante et tout. Mais je voudrais pas que tu tombes sur un pépin. Tu ne sais pas encore comment se passent les choses là-haut.

Je sautai le passage décrivant l'architecture des arènes et tournai la page : « *Elles n'existent plus aujourd'hui. On ne sait pas précisément où elles ont été construites. Les historiens pensent que l'église Sainte-Apostrophe serait édifiée à leur emplacement.* »

— T'arrêtes de me courir sur le haricot ? Il faut bien que je sorte le nez d'ici de temps en temps, non ? D'ailleurs, j'ai décidé de faire un tour en ville demain.

Je vis un des yeux de mon père s'agrandir à cette annonce pendant que l'autre rapetissait. Pour un peu on aurait cru qu'il portait un monocle comme le duc.

— En ville ? Je vais te prendre le chou, jusqu'à ce que tu passes à table !

— C'est pas tes oignons ! Je veux juste découvrir un peu comment on vit à la surface.

N

Où l'on découvre le vieux Senonces,
sa misère, ses ruelles, ses souterrains…
ses complots

Ça fait bientôt deux mois que j'ai commencé à coucher mes aventures de jeunesse sur le papier. Peut-être que si je m'étais douté que ça prendrait autant de temps, j'aurais préféré faire autre chose de plus utile. Comme apprendre le plus-que-parfait du verbe *radoter*.

J'ai dû user de mille stratagèmes pour cacher mon manuscrit : sous mon lit, sous un tas de chaussettes et même une fois dans mon pot de chambre... heureusement, il était vide. Gaspard, mon serviteur, arrivait et je n'ai eu que quelques secondes pour le camoufler. Il n'a rien vu mais ça ne l'a pas empêché de me faire la leçon. Comme quoi je veillais trop tard... et qu'à mon âge... et tout le tintouin habituel.

Mon domestique est très (trop) soucieux de ma santé. Pour m'en sortir, il me fallait un allié. Alors j'ai décidé de mettre dans la confidence une des femmes de chambre, qui accepte de m'aider... à condition que je la laisse lire régulièrement ma petite histoire. Du coup, aujourd'hui, je peux travailler dans mon bureau. Cette brave fille m'a apporté mes papiers en douce... et ce bon Gaspard qui pense que je travaille à une nouvelle taxe sur les compléments circonstanciels ! J'en ai ma claque, des taxes sur les compléments circonstanciels. Mais revenons à ma visite dans le vieux Senonces.

–AZ–

De retour du lavoir, la petite fille s'éreintait avec un lourd panier débordant de draps soigneusement pliés. Elle en avait par-dessus la tête et avançait à l'aveugle. Une corvée qu'un aubergiste lui confiait de temps en temps. Elle gagnerait ainsi de quoi acheter un quignon de pain. Elle n'avait rien mangé de la journée et ça lui ferait le plus grand bien de se remplir un peu l'estomac. Elle arrivait à la rue en escalier qui montait en serpentant depuis le lavoir jusqu'à la partie haute du quartier. Bien sûr, ne voyant rien, pressée d'en finir, elle s'engagea sur les marches alors qu'un groupe venait en contresens.

— Place aux dragons de Sa Majesté !

La fillette affolée tenta de reculer, mais dans sa précipitation elle parvint juste à faire tomber une grande partie de son chargement. Déjà une demi-douzaine de bottes boueuses piétinaient les draps immaculés. Elle se réfugia dans le renfoncement d'une porte, cachant son visage dans ses mains, de crainte qu'un regard vers les soldats du roi ne suffise à déclencher leur colère. Dans cette partie de la ville, les dragons avaient tous les droits. Ils pouvaient très bien tourmenter une petite fille juste pour s'amuser un peu.

Les hommes au bonnet vert et jaune étaient redoutés dans le royaume entier, mais plus encore dans ce quartier de Senonces. Car la rumeur racontait qu'ici se cachaient des hérétiques, ceux qui s'appellent entre eux les réformés. Le roi disait d'eux qu'ils étaient des ennemis de l'intérieur, les grammairiens de l'Académie qu'ils étaient de dangereux dyslexiques, et les dragons qu'ils n'étaient qu'une vermine bonne à être exterminée.

Une fois le bruit de bottes disparu, la fillette sortit de son trou pour ramasser son linge. Les draps étaient tachés, l'un d'eux était même déchiré. L'aubergiste serait furieux et ne voudrait certainement pas lui donner la pièce promise. Elle s'effondra et se mit à pleurer.

Un homme encapuchonné passa devant elle sans même la regarder. Il repoussa de la pointe de son soulier un des draps souillés, puis gravit les marches rapidement. Une longue cape flottait derrière lui. Il disparut et la fillette resta seule à genoux au milieu de son linge éparpillé. Elle ne pleurait pas parce qu'elle allait se faire gronder injustement. Elle pleurait parce qu'elle avait faim et, à moins d'un miracle, elle ne pourrait rien manger aujourd'hui.

L'homme à la cape filait rapidement. Il tournait sans cesse dans les venelles en marchant à grandes enjambées. Le dessin tarabiscoté des ruelles formait un véritable labyrinthe. L'homme longeait à présent une église. Au-dessus de lui s'élevaient de hauts vitraux qu'aucune lumière ne traversait jamais, tant les bâtiments alentour s'agglutinaient tout proche.

Il parvint à une porte. Il jeta un œil derrière lui pour s'assurer que personne ne le suivait. Sortant un masque noir de sous sa cape, il le porta à son visage. Sa capuche ne suffisait pas à assurer son anonymat. Personne ne devait connaître sa véritable identité. Il ouvrit la porte avec douceur pour ne faire aucun bruit et pénétra dans l'édifice.

L'église Sainte-Apostrophe baignait dans la pénombre, quelques maigres chandelles brillaient çà et là. Dans les quartiers les plus pauvres de Senonces, ce genre d'endroit était le refuge des miséreux. Quand on ne savait où dormir, quand la faim vous rongeait trop, il était toujours possible de venir ici. On pouvait réciter quelques conjugaisons, trouver un peu de repos sous la protection de la sainte patronne du lieu, Apostrophe. Elle était représentée à divers endroits de l'édifice, portant la fameuse virgule typographique dans une main, consolant les fidèles de l'autre. À cette heure, l'endroit était presque désert.

L'homme à la cape s'avança. À travers les colonnades, il pouvait deviner quelques ombres à genoux récitant leur indicatif ou leur conditionnel. Il fit le tour de l'autel vers un escalier qui descendait à la crypte. En haut des marches, un homme s'était assoupi et barrait le chemin, une veste de laine en guise de couverture, son sac de voyage comme oreiller.

L'homme à la cape enjamba le dormeur et commença à descendre. Aussitôt, une silhouette se présenta en bas de la volée de marches. Un scintillement à sa main indiquait qu'elle était armée d'un poignard. Le visiteur s'arrêta. L'homme allongé en haut de l'escalier se redressa avec agilité, rejetant sa veste de laine sur le côté pour révéler lui aussi une lame. La crypte était bien gardée...

— Je viens voir Zoltan, dit l'homme à la cape. Dites-lui que Zénon est là.

L'un des gardes resta à surveiller l'intrus pendant que l'autre disparaissait. Il fallut un long moment avant qu'il ne revienne.

— D'accord, le chef vous attend.

Ils traversèrent la crypte jusqu'à la tombe de sainte Apostrophe. Un passage dérobé s'ouvrait sur un étroit escalier qui s'enfonçait sous terre. Ils serpentèrent longtemps dans l'obscurité et l'humidité. Le gardien et celui qui s'était fait appeler Zénon débouchèrent alors dans une immense cavité de plusieurs dizaines de mètres de large et de haut : les anciennes arènes de Senonces ! En un temps lointain, elles accueillaient des courses de chars, des combats de gladiateurs. Là étaient morts, dévorés par les lions, les premiers martyrs de la Sainte Langue française.

Circulaires, les arènes étaient façonnées de grosses pierres. Du salpêtre couvrait les murs. De lourdes gouttes d'eau suintaient du plafond, pour tomber sur le sol sableux où s'élevait un village souterrain de tentes. Autour de braseros, des hommes se réchauffaient les mains en regardant passer silencieusement l'étrange visiteur encapuchonné. Dans la pénombre des lieux, leurs ombres dansaient sur les parois de pierre. Ce n'était pas une armée, ils n'avaient pas d'uniforme et étaient tous vêtus de costumes qui n'avaient en commun que d'être vieux, sales et reprisés. Ce n'était pas une armée, ils étaient jeunes, vieux, fils, pères et grand-pères. Tous prêts à se battre. Ce n'était pas une armée mais ils possédaient tous un couteau, un bâton, une épée. Les plus chanceux portaient un pistolet ou un mousquet.

Ils empruntèrent un passage vers une grotte secondaire qui, des siècles plus tôt, avait servi de ménagerie pour les fauves.

L'homme à la cape entra. Assis derrière un bureau, dans un fauteuil dont le tissu était élimé, le maître des lieux observait un plan de la ville sur lequel étaient posées de petites figurines de bois. Sa barbe était hirsute et fournie, mais son crâne aussi chauve qu'un O majuscule. Sur sa nuque rasée, un Z majuscule était tatoué. Z pour Zoltan, meneur des réformés, seigneur des Arènes de Senonces. Trois pas derrière lui se tenait un garçon aux cheveux longs.

— Kristof, va vérifié que notre visiteur è bien celui qu'il prétan être.

Kristof fit le tour du bureau tandis que Zénon retirait sa capuche pour révéler un visage masqué. Comme Zoltan, sa tête était rasée. Comme Zoltan, il portait un Z tatoué au-dessus de la nuque. Z pour Zénon.

— C'est bien lui, confirma Kristof.

— Parfè, léssez-nous.

Le jeune homme et le gardien qui avait guidé l'homme à la cape sortirent. Zoltan se leva lentement, un sourire à peine discernable sous la masse de sa barbe fournie.

— Zénon ! tonna-t-il en tombant dans les bras du visiteur.

— Zoltan ! murmura l'autre sans broncher sous la pluie de tapes amicales qu'on lui prodiguait.

— Di-moa que tu vien avec de bones nouveles ! Nous somes prêts ici. Les dragons nous en fon voir de toutes les couleurs.

Ils zon tabassé une pauvre grand-mère l'autre jour parce qu'elle avè quelque chose sous son châle. Elle refusè de montré ce qu'elle cachè et ils l'ont frapé avec la crosse de leur mousquè. Un bou de fromage ! Elle avè peur qu'on lui vole son bou de fromage. Ils zon fahi la tué.

Zoltan éclata de rire comme si l'histoire était particulièrement amusante.

— Parfait, parfait, se délectait Zénon derrière son masque. Ils sont à point.

— Plus qu'a pohin ! Ils von explosé s'il ne se passe rien. Tous là, à se caché sou tere come des rats... et les otres, au-dessus, dans ce quartié de todi. Ils n'atendent qu'une chose : un signe de ma par. Quand on en vient à préféré prendre des cous que de perdre un camanbèr, c'est qu'on è prè à tou. Ils rèvent d'exterminé les dragons, de foutre le feu à la vile, d'écharpé le roa !

— Patience, patience. Tiens-les encore quelques jours. Tu l'auras, ta révolution, mais il me faut encore quelques jours.

Zoltan fit courir ses doigts dans sa barbe d'un geste d'excitation. Il ricanait, tournait sur lui-même, grattait son crâne chauve avec nervosité.

— La révolussion ! finit-il par exulter dans un cri.

Derrière la porte de bois, des clameurs s'élevèrent. La foule des réformés répondait en écho : « La révolussion, la révolussion ! »

— Oui, Zoltan, la révolution. Finalement, tu avais raison. La révolution est la seule solution. La force plutôt que la ruse.

— *La forse*, oui ! hurla l'autre. Il n'y a que ça qu'ils comprenent. Alexandre I, ce tiran, pendra bientо au bou d'une corde... à moins que je ne lui fasse coupé la tète ! Ou alors, on pourait l'enfermé dan une cage pour que les enfants lui jetent des pières ? Lui, et tous les zotres : les ducs, les barons, les vicontes..., ils méritent tous de crevé. Des rivières de san von couler dans les rus de Senonces ! Le chato de Dupailles va flanbé et sur cè ruines, nou zédifiron un monuman à la liberté ! Pas un mot plus o que l'otre ! Fini les excepsions, nous alons les abolir ! Fini les conjugèzons conpliqués qui ne servent qu'à tenir le peuple dans l'ignorance de la Langue. Du passé antérieur fezon table rase.

— Je sais tout ça, Zoltan. Écoute-moi, tu ne devras passer à l'attaque qu'au bon moment. Les dragons vont quitter Senonces dans quelques jours. Ils pensent que tu es caché dans la province de la Langue d'Oc, au sud du royaume. Il n'en restera qu'une poignée pour tenir la ville, tu n'en feras qu'une bouchée.

— Une bouchée ! répéta l'homme à la barbe hirsute avec un air gourmand comme s'il comptait effectivement les manger.

— Je vais t'expliquer tout en détail, tu l'auras ta révolution.

— Zénon, Zénon, nous y some parvenus, nous alons les avoir. La Langue au peuple et par le peuple ! La forse pluto que la ruse !...

— Oui, oui, la force plutôt que la ruse, assura l'homme à la cape en prenant son complice par les épaules.

Leurs deux crânes rasés se touchaient presque, les deux Z tatoués luisant à la lumière des torches.

« À présent, calme-toi et écoute. »

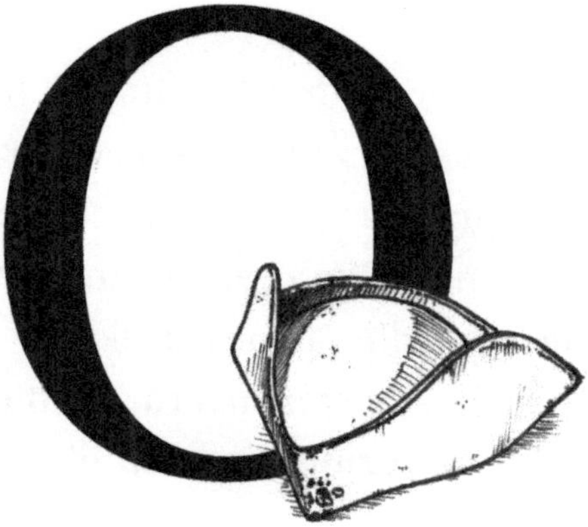

Où Kristof me sauve la mise
alors que c'est moi qui étais venu pour l'aider

Je dus semer mon cocher. Mon père lui avait ordonné de ne pas me lâcher pour ma première sortie seul dans la ville de Senonces. Depuis presque une heure, il me suivait donc comme un suffixe trop collant. On aurait dit le « ature » de *filature* ou le « ement » de *harcèlement*. Pour ne pas éveiller les soupçons sur mes véritables intentions, je m'étais fait déposer dans un quartier respectable. Puis j'avais arpenté les rues marchandes de Senonces, cherchant les lieux les plus fréquentés pour pouvoir me fondre dans la foule et semer mon ange gardien. Une fois certain qu'il n'était plus à me suivre, je me perdis dans le dédale des ruelles des vieux quartiers. Dans un recoin, je sortis de mon sac une cape de voyage terreuse et un vieux tricorne dont une pointe était déchirée. Là où j'allais, pas question de se faire repérer.

Je pensais l'église Sainte-Apostrophe facile à trouver. Je l'imaginais dominant les maisons alentour. Pas du tout. Elle était noyée dans un amas de taudis et de venelles sombres.

Je tombai sur une fillette à genoux à même le pavé. Des draps crottés étaient répandus autour d'elle. Je m'approchai pour prendre une rue en escalier menant à la partie haute du quartier. Elle reniflait. Je me permis un coup d'œil gêné. Des larmes coulaient sur ses joues.

— Tu vas bien ? m'inquiétai-je en m'approchant d'elle.

Quand elle vit ma main tendue vers elle, la petite fille recula.

— Je n'ai pas de pain, je n'ai rien ! protesta-t-elle, effrayée.

Je la regardai sans trop savoir quoi faire. Je ne voyais pas ce que je pouvais avoir de si terrible. Sortant de mon trou cossu où je n'avais jamais manqué de rien, je ne pouvais imaginer qu'une enfant de cet âge puisse connaître la faim et la peur d'être volée du peu qu'elle possédait. Finalement, pour lui montrer que je n'étais pas méchant, je commençai à rassembler les draps.

— Il s'agit de ton linge ?

Elle fit non de la tête mais ne desserra pas les dents.

— Tu travailles pour quelqu'un ? Tu es femme de chambre ?

Elle me regarda avec ses grands yeux rougis.

— L'aubergiste, chuchota-t-elle en pointant un doigt tremblant vers le sommet de l'escalier.

— Tu dois lui rapporter ses draps ? Il va te gronder ?

Je n'avais jamais vu une mine aussi grave. Aucune fillette au monde n'a le droit d'être triste à ce point. Je finis de remettre le linge dans le panier.

— J'ai faim, avoua-t-elle comme si la colère de son employeur n'avait aucune importance.

— Eh bien, s'il y a une auberge dans le coin, on doit pouvoir y manger. Mais avant cela, nous allons faire nettoyer à nouveau ces draps. Suis-moi.

Je me dirigeai vers le lavoir devant lequel j'étais passé une minute plus tôt. Le panier était bien lourd. Comment une enfant affaiblie par la faim avait-elle pu le porter ? Quand je fus au coin de la ruelle, elle était toujours en bas de l'escalier. Elle n'avait pas bougé.

— Viens, je ne te veux aucun mal.

Elle finit par me rejoindre.

— Vous allez me donner à manger ? demanda-t-elle avec un air méfiant.

— Et pourquoi pas ? Tu as faim. Il est normal que tu manges.

— Qu'est-ce que vous voulez en échange ?

— Rien, je ne veux rien.

Elle me dévisagea. La tristesse inondait ses yeux mais, ce qui me frappa, c'était la dureté de son expression.

— Ma mère, elle vend ses cheveux, des fois. Il y en a qui achètent aussi les dents...

J'étais horrifié : vendre ses cheveux ou ses dents ? Personne ne faisait ça. Cette fillette inventait. Et pourquoi ? Même quand on meurt de faim, on n'en arrive pas à vendre ses dents ! J'étais bien naïf à cette époque.

— Bonjour, mesdames, lançai-je une fois arrivé devant les lavandières qui battaient le linge, j'ai du travail pour vous. Ces draps ont un peu souffert avant de parvenir à leur propriétaire, voudriez-vous bien les laver à nouveau ?

Elles levèrent vers moi des regards de dondons ayant mis le bec sur un dictionnaire d'étymologie. *Dondon* vient de *dodu,* et elles l'étaient : des masses aux visages et aux bras rougis par l'effort. Mais *dondon* vient aussi de *dondaine,* une machine de guerre, et c'est exactement l'effet que me fit celle du milieu quand elle daigna enfin me répondre :

— Il est pas à toi ce linge. T'es un voleur ?

— La petite les a fait tomber par terre, il faudrait les relaver, expliquai-je.

— Ah oui ? Et c'est qui qui va nous payer ? Parce que l'aubergiste, on le connaît, il est tellement près de ses sous qu'y dit rien que des verbes à l'infinitif pour éviter la taxe sur les conjugaisons.

Les deux autres approuvèrent par des petits gloussements.

— J'ai de l'argent.

— Oh ! il a les moyens, le mignon, se moqua la lavandière. Tu dois t'offrir des subordonnées en veux-tu en voilà avec tout ça.

— Des conjonctives même, si ça se trouve, rajouta sa voisine.

Les trois femmes se mirent à caqueter de concert en se dandinant d'aise.

— En vrai, t'as pas d'argent ? conclut la fillette en me regardant avec l'air de dire : *Je me doutais bien.*

Elle n'était pas suppliante, pas le moins du monde. Elle se disait juste que tout ça était trop beau et que je n'allais pas débourser une pièce pour faire relaver des draps qui n'étaient pas les miens. Je sortis ma bourse, prit trois pièces d'or et en remit une à chaque lavandière dont les rires cessèrent aussitôt.

— Ben mince ! C'est une en or !

— Paraît qu'il faut les mordre pour savoir si c'est du vrai.

— Et y se passe quoi quand tu mords une pièce en or ?

— Je sais pas, mais il faut la mordre, ça je sais.

Elle coinça la pièce entre ses dents avec la ferme intention de la ronger sans doute.

— Mesdames, je vous assure que c'est du bon or, il vient directement du Trésor du roi.

Leurs trois paires d'yeux me dévisagèrent pendant que leurs trois paires de bras tombaient de surprise.

— Ben, mince...

— Je suis le fils du chevalier des Jurons, avouai-je comme si cela montrait la véracité de ce que j'avançais.

— T'es un aristo ? Ben ça, pour sûr que tu dois t'offrir des subordonnées, et des complétives, et des corrélatives et tout le tintouin ! Vu que tu paies pas l'impôt, c'est facile.

— Notre bon roi se rend pas compte de comment qu'on souffre, ajouta la deuxième.

— Ce vieux trognon de pomme, il est juste bon à faire charger ses dragons sur les pauvres comme nous. C'est la Réforme qu'y faut.

— La Réforme ? Des ivrognes qui veulent pas apprendre leur orthographe. C'est plus facile de dire qu'on veut abolir les taxes que de turbiner pour les payer.

— Ouais, et les gens bien, pendant ce temps-là, ils se font tondre !

La lavandière du milieu leva les bras pour faire taire ses consœurs.

— Commencez pas, toutes les deux! Pour une fois qu'un gars de la haute nous adresse la parole vous pensez qu'à vous chamailler. On va s'occuper de vos draps, ils seront prêts demain. Et pensez bien qu'on dira des jurons pour vous remercier.

— Ouais, c'est bien gentil, monseigneur de mes [redacted], proposa la deuxième en voulant bien faire.

— [redacted], alors ! ajouta sobrement la troisième.

Laissant les trois dondons à leurs jurons, je décidai de prévenir l'aubergiste que ses draps arriveraient avec un jour de retard. Celui-ci, en apprenant la nouvelle, aurait bien donné une bonne taloche à la gamine mais il se retint car j'étais là... et je portais l'épée. Il me regarda avec méfiance en comparant mon tricorne troué avec mes superbes souliers dont le cuir brillait un peu trop. Mon déguisement n'était pas parfait, je m'en rendais compte. Il grogna quand j'exigeai que l'on servît à la petite un plat chaud.

L'endroit était sordide. Pour ma part, je n'aurais pas osé goûter au menu, servi sur des tables aussi sales. Quand l'assiette arriva, je changeai d'avis. Plutôt lécher le bois desdites tables que de tremper mes lèvres dans cette espèce de bouillon nauséabond. La petite fille ne se fit pourtant pas prier. Elle plongea le nez dans l'écuelle et suçota jusqu'à l'os garni de gras qui faisait office de viande.

Je donnai une pièce d'or au tenancier qui me regarda comme si j'étais la vingt-septième lettre de l'alphabet. J'en offris également une à ma protégée, en échange de quoi je lui demandai de me mener jusqu'à l'église de Sainte-Apostrophe. Elle ne se le fit pas répéter deux fois. Aussi rapide qu'un lapin dans un labyrinthe de galeries qu'il aurait lui-même creusées, elle me mena devant l'édifice en à peine quelques minutes.

— Vous ne devriez pas entrer là, me dit-elle alors que j'allais pousser la porte. Ma mère m'a dit qu'il fallait pas y aller. Il y a des gens méchants qui se cachent dans cet endroit.

— Je sais. C'est eux que je cherche. Allez, file ! Rentre vite chez toi, petite.

J'avais parlé d'un ton protecteur. José, le maître d'armes, aurait été fier de moi. Voilà qui s'appelle bien se comporter ! Mon épée et mon honneur pour seules richesses... et quelques pièces d'or évidemment. J'avais sauvé la mioche, peut-être serait-elle morte de faim sans moi. Elle me fit un sourire, le premier de sa courte existence malheureuse, si ça se trouve, et s'enfuit en courant.

Je poussais la porte, quand la pointe d'un poignard me piqua désagréablement la gorge.

— Viens par là, mon mignon, siffla une voix dans la pénombre. Alors, comme ça on distribue des pièces d'or dans tout le quartier ?

Il me poussa à l'intérieur de l'église. Son visage était à un pouce du mien. Son œil me regardait par-dessus une large balafre qui lui traversait la figure. Son menton en galoche était couvert d'une barbe courte et râpeuse. Il avait un méchant sourire édenté et sentait affreusement mauvais.

— Laissez-moi..., protestai-je en cherchant fébrilement le pommeau de mon épée.

— Pas de ça ici, grommela l'homme à la balafre en me coinçant le bras derrière le dos. Les gens bien ne se battent pas dans les églises. Ton or, et fissa !

— Oui, oui, dis-je. Je vous le donne, je vous le donne... Ma bourse est accrochée à ma ceinture, tenez...

Je lui tendis la petite poche de cuir. Il la palpa pour en faire sonner les pièces, tout en appuyant un peu plus la pointe de sa lame contre ma carotide.

— Ne me tuez pas, prenez tout !... Kristof, je suis un ami de Kristof !

Le maraud eut un petit rire.

— Tu serais copain avec sainte Apostrophe elle-même que ça changerait rien. Passe-moi ton épée.

Ma rapière ? La céder à ce gredin ? Plutôt mourir. Après tout je savais me battre même si je n'avais jamais fait autre chose que des entraînements avec des lames mouchetées de liège. Je m'apprêtais à passer à l'action quand une voix retentit depuis le fond du bâtiment.

— Eh toi, la Rature ! Laisse-le tranquille.

Un homme s'approcha de nous, il portait une épée dégainée, une chemise blanche et de longs cheveux lui tombant sur les épaules. Peut-être allaient-ils se battre pour savoir qui aurait le privilège de me faire les poches ?

— Il est à moi, glapit l'autre.

— Je t'ai dit de le laisser tranquille.

Je reconnus enfin celui que je cherchais.

— Kristof !

L'autre maugréa et baissa son poignard.

Abandonnant l'idée de me faucher mon arme, il poussa la porte d'un coup d'épaule et disparut dans la ruelle.

— Il s'en va avec mon or ! protestai-je.

— Primo, tu devrais t'estimer heureux, la Rature ne laisse que des cadavres derrière lui. Tu aurais pu lui donner jusqu'à ton caleçon qu'il t'aurait quand même trucidé pour finir. Secundo, ce n'est pas parce que tu m'as sauvé une fois la vie que nous sommes amis.

Nous étions installés dans un renfoncement de l'église, sous un grand tableau montrant *Sainte Apostrophe apportant l'Élision aux incroyants*. De là, nous pouvions observer les allées et venues. L'endroit était presque désert, mis à part quelques miséreux qui récitaient leurs conjugaisons et n'avaient même pas relevé le front de leurs mains jointes tandis que la Rature me détroussait.

— Tu n'es pas très malin, me réprimanda Kristof. Nous sommes dans le quartier le plus pauvre de Senonces. On tuerait pour te voler tes boucles de soulier et tu te pavanes avec une bourse bien garnie !

Je baissai les yeux, un peu honteux.

— Je te cherchais, dis-je pour changer de sujet. Je sais pourquoi votre amour avec Olympe est impossible.

— Ah ? Et pourquoi ? demanda-t-il avec un sourire en coin.

— Parce que tu es un réformé. Tes signes de l'autre jour, j'en ai trouvé la signification : le *è* de cèderai avec le doigt, le *i* de reconnaitre avec le poing.

— En effet, il faut mettre des points sur les *i*. C'est une question *aigüe*, affirma-t-il en levant deux doigts pour symboliser qu'il mettait le tréma sur le *u* et non le *e*.

— Un réformé avec la fille d'un duc ! Je comprends qu'elle t'ait quitté.

Il se redressa en serrant le poing, visiblement avec la ferme envie de le mettre ailleurs que sur les *i*.

— Olympe partage mes idées, elle déteste ses parents et tout ce qu'ils représentent.

— Elle dit qu'elle veut m'épouser à présent..., mais elle ne m'aime pas, ajoutai-je pour l'apaiser.

— Elle dit vouloir t'épouser... ? répéta-t-il avec un léger sourire comme s'il venait de comprendre quelque chose.

— Tu pourrais abjurer ta foi, par amour pour elle.

Kristof eut un petit rire tranquille qui signifiait : « Tu ne peux pas comprendre » et il reprit :

— Olympe m'a dit que tu étais un imbécile mais elle a tort. Tu n'es pas bête, la preuve tu as réussi à retrouver ma trace. Tu es naïf, voilà la différence. Je préfère mourir que de renoncer à l'orthographe réformée. Et même si je le faisais, crois-tu que le duc de l'Imparfait du Subjonctif accorderait la main de sa fille à un homme du peuple qui ne possède guère que sa chemise et son chapeau ?

Je savais bien que non.

— Et ce n'est pas tout. Il se renseignera sur moi et il saura que je me suis déjà retrouvé derrière les barreaux. Une demi-année à la Bastille pour avoir collé des affiches.

— On peut faire de la prison pour avoir collé des affiches ?

— Oh oui ! quand elles réclament l'invariabilité des participes passés.

Cet homme était un fou ! J'étais muet de terreur, je n'avais pas pris pleinement la portée de ce que prônaient ces réformés. Ils s'attaquaient aux fondements même de la monarchie.

— Même avec l'auxiliaire *être* ? chuchotai-je, effrayé par mes propres mots.

— Même avec l'auxiliaire *être* !

Je restai un moment sans rien dire, une tempête se déchaînait dans ma caboche (à moins qu'il ne faille écrire *déchainait* ?). Un monde nouveau, inquiétant, insoupçonné s'ouvrait devant moi. J'avais la sensation que tout s'inversait, le haut devenait le bas, la principale devenait subordonnée, le roi échangeait sa place avec le gueux.

Un mouvement me tira de la confusion. Une ombre portant une cape se tenait derrière une colonne. L'étrange individu regardait dans notre direction. Il resta immobile près d'une minute à nous étudier, on devinait un masque sous sa large capuche. Brusquement, il ouvrit une porte latérale et disparut.

— Qui est-ce ?

— Un homme dangereux, ne t'occupe pas de lui... et j'espère dans ton intérêt qu'il ne s'occupera jamais de toi. À présent, dis-moi ce que tu es venu faire ici.

— Je suis là pour vous aider, Olympe et toi.

— Nous aider ? s'amusa Kristof comme si un aveugle se proposait de lui faire la lecture. À quoi ?

— À fuir, quoi d'autre ? Vous ne pouvez vivre votre amour à Senonces, je le comprends bien. J'ai de l'argent, je peux vous trouver une diligence, vous donner de quoi commencer une nouvelle vie ailleurs, loin de la ville, dans un autre royaume... au Nouveau Monde, pourquoi pas ?

— Je ne suis pas un lâche, Robinson. Je te remercie de ton offre mais je reste.

— Je ne veux pas me marier !

— Tu sais, le Nouveau Monde, ce n'est pas de l'autre côté de l'océan qu'il se trouvera bientôt, mais ici même, à Senonces. Les choses vont changer, et très vite. Tout ce que tu as connu, toutes ces règles et ces exceptions qui nous empoisonnent, tout cela va disparaitre.

Il leva le poing sur le *i* de ce dernier mot.

— Tu préfères t'écharper avec les dragons à propos d'un circonflexe ou d'un tréma plutôt que de fuir avec la femme que tu aimes ?

— Épouse Olympe, ce n'est plus mon affaire...

Il avait prononcé ces paroles avec une certaine gravité que je pris sur le moment pour de la détermination. Mon plan tombait dans l'eau. Un peu comme le *e* du mot *nœud*. Celui qui se resserrait encore un peu plus autour de mon cou.

Je traînai les pieds dans les venelles du vieux Senonces, la nuit tombait et au fond de ces ruelles étroites l'obscurité régnait déjà. Il me fallait retrouver mon cocher et mon carrosse. En supposant qu'ils m'avaient attendu, ce qui n'était pas certain. Si je devais rentrer à pied, j'allais devoir user mes semelles une bonne partie de la nuit. Je descendis l'escalier au pied duquel j'avais un peu plus tôt rencontré la petite fille au milieu de ses draps crottés. Soudain une voix éclata derrière moi :

— Au nom de Sa Majesté, arrêtez-vous !

Où je rate mon premier duel à l'épée avant de finir à la Bastille

Ils étaient une demi-douzaine. Malgré la pénombre, je vis à leurs mousquets et leurs bonnets en forme de A qu'il s'agissait d'une patrouille de dragons. Pas question de me faire embarquer : s'ils me prenaient pour un réformé, j'étais bon pour la prison, et pour un savon avec mon père. Je m'élançai aussitôt.

Une fois au pied de la rue en escalier, je débouchai sur le lavoir désert. Les bruits de bottes me filaient le train. J'entendis distinctement le cliquetis d'un mousquet qu'on arme.

Je parvins à me hisser sur le toit du lavoir. De là je pus sauter dans une cour sillonnée de cordes à linge où pendaient des draps blancs.

Je ne pus m'arrêter à temps et m'empêtrai dedans, poursuivant ma course comme un fantôme aveugle. Il me sembla que j'emportais bientôt avec moi de quoi couvrir la moitié des lits de la ville. Une détonation claqua. Instinctivement je me laissai rouler sur le sol. Je réussis enfin à m'extirper de l'amas de tissu. Le linge était maculé de boue. Il faudrait les laver encore une fois ! Trois des dragons venaient de sauter après moi. Un quatrième était toujours sur le toit, une fumée blanche s'élevant du canon de son arme.

Je plongeai dans le ruisseau qui servait à alimenter le lavoir. Pataugeant, je m'éloignai mais déjà les claquements de talon de mes poursuivants résonnaient à mes oreilles. J'entendis les mousquets cracher leur feu derrière moi par deux fois. J'escaladai un étroit pont et m'engouffrai dans une venelle. Un coup d'œil derrière moi me renseigna sur le nombre de mes poursuivants : ils n'étaient plus que deux.

Je décidai de me perdre dans le labyrinthe. Dès que je le pouvais, je tournais. À droite, à gauche, une ruelle, un corridor, une placette, une impasse... une impasse !

De chaque côté un haut mur, pas une fenêtre accessible... le bruit de bottes. Il était là, une ombre qui bouchait ma porte de sortie. Le seul dragon que je n'avais pas réussi à semer.

— Tu es fait comme un rat, je vais te couper les oreilles !

Ce ton impassible, cet accent espagnol... José Tildé de la Jota y Carnamelio, mon maître d'armes !

— José, c'est moi, soufflai-je, exténué par ma course.

— Robinson ?! Que fais-tu là ?

— C'est une longue histoire... Tu ne vas pas m'arrêter ?

José resta un instant silencieux à m'observer.

— Bien sûr que si.

— Quoi ?!

— Je viens d'entrer chez les dragons, ce n'est pas pour perdre ma place la première semaine.

— Mais, José...

— Un homme qui n'a que son épée à vendre doit le respect à celui qui le nourrit. Et mon épée est au service du roi à présent. C'est une question d'honneur.

— D'honneur ? Mais... aider un ami en danger, c'est aussi une question d'honneur !

— Quoi ? Tu m'as aidé peut-être quand ton père m'a renvoyé comme un malpropre ? On cherche un dangereux réformé, tu n'en es pas un, tu ne risques donc rien à me suivre. Avant demain, avec ton nom, tu seras libre. Tandis que moi, si je ne t'arrête pas je risque mon bonnet.

Je sentis le sang me battre les tempes. Sans un mot de plus, je dégainai mon épée et me mis en position de combat.

— En garde !

— Tu veux te battre ? Robinson, sois un peu sérieux. Qu'espères-tu ?

— Te trouer la couenne, au mieux. Au pire, que tu t'en veuilles toute ta vie de m'avoir tué.

Je passai à l'attaque, en enchaînant plusieurs pointes afin de le faire reculer. Il se décida, voyant que je ne plaisantais pas, à sortir la lame de son fourreau.

— Comme tu veux, Robinson !

À présent, nos fers se croisaient et je poursuivis mes attaques. Je tenais avant tout à sortir de l'impasse. J'avais un plan : commettre la même faute que lors de nos dernières passes d'armes. En laissant porter tout mon poids vers l'avant, il m'esquiverait et je pourrais passer pour sortir de l'impasse.

J'enchaînai les mouvements. Une simple lanterne accrochée faisait un halo lumineux. En passant dessous, je vis que José souriait.

— Robinson, tu ne veux pas vraiment te battre, s'amusa-t-il. Dans les vrais combats, on n'utilise pas des jouets !

C'est alors que je vis la pointe de mon arme sous la lumière de la lanterne : la mouche de liège était encore sur la lame !

-AZ-

Encadré par six soldats, on me mena à la Bastille. Un vieil édifice de pierres grises avec de grosses tours percées de petites ouvertures garnies de barreaux. Les dragons s'esclaffaient : « Un dangereux fuyard muni d'une épée mouchetée ! » Il allait falloir raconter ça aux autres. Seul José ne riait pas. Je n'aurais su dire s'il avait pitié de moi ou s'il était dépité de la bêtise de son élève. Une fois dans la sinistre bâtisse, nous fûmes séparés. Il s'éloigna, me jetant un regard désolé, pendant que deux de ses collègues me poussaient sans ménagement.

On m'amena devant l'officier. Je reconnus le capitaine auquel Olympe avait eu affaire lors du bal. Suite à cet incident, il avait perdu le privilège de protéger Sa Majesté, pour se retrouver directeur de prison dans le quartier le plus mal famé de la capitale. Avec mon tricorne troué et ma cape de voyage miteuse, il ne reconnut pas le jeune coq en grande tenue qu'il avait manqué de faire trouer d'une douzaine de balles de mousquet chez les Imparfait du Subjonctif.

— Alors, comment t'appelles-tu ?

— Robinson des Jurons, fils du chevalier des Jurons.

Il leva les yeux de la feuille qu'il avait entre les mains, un papier qui portait un sceau de cire. Un blason, que je ne pus déterminer, surmonté d'une couronne.

— Quoi ? J'ai ici un ordre d'arrestation qui me dit que tu es un réformé ?

— Pas du tout ! dis-je avec indignation.

— Et que faisais-tu à Sainte-Apostrophe aujourd'hui ?

— Comment savez-vous que j'étais à Sainte-Apostrophe ?

Je déglutis avec difficulté, j'avais la sensation d'avoir avalé une poignée de sable. Je sentais que d'ici quelques heures j'aurais ingurgité une plage entière.

Il y avait dans la salle une grande agitation, des dragons passaient en tous sens. Certains se racontaient leur journée :

— Tu sais pas la dernière, on a arrêté un mioche qui se défendait avec une épée mouchetée, y a des fois j'te jure !

D'autres poussaient devant eux des gens de toute sorte, qui avaient tous en commun d'avoir l'air plus miséreux que réellement dangereux. On les enfermait derrière des portails métalliques qui retenaient déjà des troupeaux d'ivrognes, de bagarreurs et autres voleurs à l'étalage. Un des soldats escortait vers une des geôles la fillette que j'avais aidée un peu plus tôt dans la journée.

— Mais, pourquoi l'arrêtez-vous ? protestai-je.

— Cette gamine a volé une pièce d'or, répondit le dragon.

— C'est moi qui la lui ai donnée, elle avait faim...

— Une pièce d'or ? À une crève-la-faim ? ricana le capitaine. Tu as les moyens, toi !

— J'avais une pleine bourse sur moi, je voulais juste l'aider.

— Tu as une pleine bourse de pièces d'or sur toi ? Carrément. Eh bien, montre-la-nous !

Les rires commençaient à fuser.

— Euh… je ne l'ai plus… on me l'a volée…

Tous les visages, ceux des dragons mais aussi ceux des prisonniers derrière leurs barreaux, étaient tournés vers moi.

— … C'est la Rature qui me l'a volée.

Ce fut l'hilarité générale, certains se tapaient les cuisses de rire. Même le capitaine, qui n'était pourtant pas un marrant, avait le sourire aux lèvres.

— Si la Rature t'avait piqué ta bourse, tu serais aussi mort que peut l'être un cochon de lait croisant la route d'un loup affamé, dit-il.

Son amusement ne dura que le temps de prononcer ces quelques mots. Déjà, il avait repris un air mauvais en se penchant de toute sa hauteur sur moi.

— On arrête la rigolade. J'ai besoin de savoir où se cachent tes copains : on raconte que vous seriez des centaines à vous planquer dans le quartier. On a beau retourner chaque maison, impossible de mettre la main sur votre nid.

— J'en sais rien, moi…, murmurai-je.

Je voyais la rage briller dans les yeux du capitaine. Je compris qu'il n'attendait qu'une chose : trouver le repaire des réformés et ainsi redorer son blason aux yeux du duc de l'Impératif. Il faisait du zèle. Je sentis une sueur froide me couler dans le dos.

— Mes supérieurs pensent que vous êtes partis dans le Sud, on parle de la province de la Langue d'Oc, ou de la province du

Basque... mais je sais que vous êtes encore là. Je le sens.

— Je vous assure, je sais vraiment rien, suppliai-je d'une voix à peine audible.

— Tu ne sais rien ? Et cet ordre d'arrestation, c'est une liste de courses ? aboya-t-il en brandissant le papier frappé du sceau à la couronne. « *Un individu, hautement dangereux, portant une cape de voyage et un tricorne circule en ce moment même dans le vieux Senonces. Selon nos informations, il s'agit d'un membre important des réformés qui pourrait nous mener à leur repaire secret.* »

— Ce n'est pas moi, je le promets ! bredouillai-je alors que la panique me gagnait.

— Tu sais ce qu'on dit ? Que quand on brise les genoux de quelqu'un il parle beaucoup mieux. Si, si, je t'assure. Il compense avec la langue ce que les jambes ne peuvent plus faire. On devient très bavard quand on ne peut plus tenir debout.

Je devins encore plus pâle que d'habitude. À ma très grande honte, je sentais que j'allais m'évanouir. Le capitaine dut s'en rendre compte, car c'est le moment qu'il choisit pour me saisir. Il me broyait l'épaule. J'avais la sensation de sentir des bouts de mes os rouler sous ses gros doigts.

— Reste avec nous, petit. Le problème des jambes, c'est qu'on ne peut en casser que deux, après on doit s'attaquer aux bras... Au fait, sais-tu combien d'os compte le corps humain ?

Je suis incapable de dire si le capitaine connaissait la réponse à une telle question – sans doute qu'en bon spécialiste, oui –, peut-être me la souffla-t-il dans la seconde qui suivit mais c'était déjà trop tard. J'avais perdu connaissance.

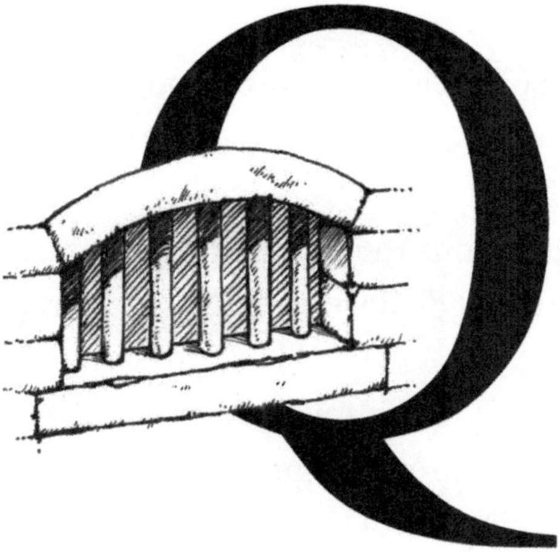

Où la marquise des Trois Petits Points se révèle plus mystérieuse que jamais

Je me réveillai allongé sur une paillasse aussi peu confortable que la conjugaison du verbe *découdre*. Il faisait très sombre. Parfois un grognement ou un cri s'élevait depuis une cellule voisine. Des gardiens passaient de temps à autre pour faire leur ronde, ou traînant un pauvre diable s'agitant en tous sens en réclamant qu'on le laissât partir.

J'étais terrorisé. Je voulais retrouver la protection du domaine des Jurons, me terrer pour toujours et oublier jusqu'à l'existence du soleil. Je tentai, en me tournant et retournant, de trouver le sommeil, sans succès. C'était la première fois de ma vie que je ne passais pas la nuit chez moi.

Après un temps qui me parut aussi long que l'adverbe *interminablement*, un garde s'approcha dans le corridor. Je l'entendis cracher un peu avant d'arriver à ma hauteur. La lumière de sa lanterne s'immobilisa au niveau de mon visage de l'autre côté des barreaux.

— T'es réveillé ?

Je levai mes mains pour me protéger de la lumière.

— T'aurais mieux fait de dormir, railla-t-il. Le capitaine veut te voir.

Il m'escorta jusqu'à un minuscule bureau. Je traînai les pieds, épuisé. Le capitaine était si grand et large qu'on aurait dit qu'il remplissait la pièce à lui seul. À ses côtés, frêle dans sa robe mauve, un petit sourire pincé aux lèvres, se tenait Malva, la marquise des Trois Petits Points. Elle me foudroya du regard.

— Monsieur des Jurons, commença le chef des dragons, mal à l'aise. Je voudrais vous présenter mes... mes..., enfin, vous dire que je suis désolé pour cette arrestation... unique ?

— Inique ! corrigea la marquise.

— Oui, oui, inique ! Nous espérons que vous saurez nous pardonner cette... cette... euh... nous punirons les coupables et...

Le pauvre, si sûr de lui en interrogatoire, était maintenant à peine capable d'aligner trois mots d'excuse devant la marquise.

— Capitaine, ne punissez personne, dis-je d'une petite voix. Vos hommes ne faisaient qu'obéir aux ordres.

— Aux ordres de celui qui a demandé son arrestation, intervint Malva. Et d'abord qui est-ce ?... le duc de l'Impératif ?

Le capitaine resta interdit, baissant les yeux comme un garnement pris en faute.

— À présent, allons-nous en. Tu viens, Robinson ?

Plutôt deux fois qu'une. J'étais trop heureux de quitter cet endroit. Nous laissâmes derrière nous le capitaine qui s'imaginait déjà rétrogradé en ramasseur de crottin pour le compte de Sa Majesté. Je devais presser le pas pour suivre Malva. Elle semblait connaître les lieux, car elle n'avait aucune hésitation quant au chemin à emprunter pour sortir de cette prison sordide. Pourtant toutes les portes, tous les couloirs, se ressemblaient comme deux homonymes.

Je n'avais qu'une envie, me retrouver à l'air libre. Les questions ne se formulaient pas encore dans mon esprit : comment la marquise avait-elle appris mon arrestation ? comment avait-elle convaincu le capitaine de me laisser sortir ? pourquoi s'était-elle levée à l'aube pour me secourir ?

Arrivée à la porte principale où deux dragons montaient la garde, elle s'arrêta un instant pour glisser quelques mots à une femme vêtue de noir, une sœur de la Prétérition. On devinait à peine les traits de son visage derrière le voile sombre.

— Je ne te ferai pas l'affront de te dire à quel point je te remercie de…, murmura Malva en se penchant à l'oreille de la nonne.

Je ne pus distinguer la réponse de celle-ci.

— Inutile de te préciser que je ferai ton éloge auprès de la mère supérieure, poursuivit la marquise. Tu ne resteras pas longtemps à t'occuper des miséreux dans ce…

Elles échangèrent encore quelques mots dont je ne perçus que des bribes. Enfin nous sortîmes. Le soleil pointait timidement et le matin était encore frais. Un carrosse nous attendait.

— Au domaine des Jurons, indiqua-t-elle au cocher, avant de poser sur moi le regard inquisiteur d'un grammairien analysant la construction d'une phrase.

Elle restait silencieuse. Le sujet était évident : Robinson. Le verbe aussi : être. Restait à déterminer l'attribut du sujet : un dangereux criminel ? un idéaliste révolutionnaire ? un crétin imbécile ? Je voyais bien où elle voulait en venir à me sonder ainsi. J'étais très mal à l'aise, comme un petit garçon pris les doigts dans le pot de confiture.

Son principal souci, je crois, était de déterminer la subordonnée relative de sa phrase : Robinson est un crétin imbécile qui... Qui s'est fait manipuler ? Qui est tombé dans un piège ? Qui s'est mis dans le pétrin tout seul ?

— Robinson, que faisais-tu dans un endroit pareil ? finit-elle par dire d'un ton cassant. As-tu conscience du danger ? Les pires bandits vivent dans ce quartier, des coupe-jarrets, des brigands, des écorcheurs, des margoulins... et pire ! des agitateurs, des réformés, des... révolutionnaires.

Le visage de la marquise était empourpré, ses yeux dardaient des éclairs. Je n'en menais pas large.

— Tu n'es plus chez ton père, Senonces est un endroit dangereux. L'autre soir tu manques de te faire tuer et cette nuit tu te fais arrêter. Tu risques de...

Sa voix se cassa, elle fit un grand effort pour se contenir mais on aurait juré qu'elle retenait des larmes. Elle se tut en agitant son éventail nerveusement.

— Ils avaient un ordre d'arrestation me concernant, avec ma description.

— Qui savait que tu devais aller dans le vieux Senonces aujourd'hui ?

— Personne !

— L'ordre venait de haut. Le capitaine a refusé de révéler son nom tout à l'heure, il s'agit sans doute d'un membre du Conseil, ou du roi lui-même.

— Le roi, vouloir mon arrestation ? Mais je venais simplement là car je pensais avoir trouvé un moyen d'éviter le mariage, je...

— Tu dois te marier, assena-t-elle. Tu *dois* épouser Olympe de l'Imparfait du Subjonctif, tu n'as pas le choix ! Tu ne réalises pas ce qui est en jeu. Si le duc est contraint de laisser la main de sa fille au comte de la Langue de Bois, le royaume va à sa perte. Cette stupide loi d'*interdiction positive* n'est qu'un prétexte. Ce qu'il veut, c'est créer une police à ses ordres : la police de la Langue. Avec elle, il deviendra tout-puissant dans le Royaume du Français. Le duc de l'Imparfait du Subjonctif est le seul à s'opposer à lui.

— Il a qu'à vendre son château et arrêter de s'emplumer comme un grand prince !

— Tu es bien le fils de ton..., elle laissa sa phrase en suspens avant de reprendre : Il faut savoir se sacrifier, crois-moi. Arrête de penser à ton nombril ! Et comporte-toi en...

La ville commençait à s'animer, le carrosse avait à présent quitté le vieux Senonces pour des quartiers plus respectables où les échoppes ouvraient peu à peu.

— C'est la sœur de la Prétérition qui vous a prévenue ? demandai-je brusquement pour passer à autre chose.

Ma question lui coupa la chique. Elle fit une petite moue avant que ses lèvres ne reprennent leur forme de cœur.

— Les sœurs de la Prétérition envoient des religieuses

s'occuper des miséreux: elles distribuent de la nourriture aux affamés, soignent les malades... et donnent un peu de réconfort aux prisonniers. Celle de la Bastille, en découvrant ton identité, m'a fait prévenir.

— Pourquoi vous ?

— Tu poses trop de questions, Robinson.

Le silence s'installa dans la cabine alors que notre carrosse sortait enfin de la ville. Les remparts s'étiraient au-dessus des maisons du faubourg. Les secrets de cette mystérieuse femme paraissaient aussi imprenables que la capitale du royaume derrière ses fortifications. Jusqu'aux portes du domaine des Jurons, elle continua de me fixer sans rien dire.

Jamais personne ne venait se perdre dans ce lieu désolé, aussi notre cocher sortit des écuries en nous entendant arriver. Quand il m'aperçut, encore sur le marchepied du carrosse à faire mes adieux à la marquise, il déguerpit prévenir mon père.

— Merci encore pour votre aide, madame.

— Robinson, je suis désolé de ce qui t'arrive. Tu dois me promettre de ne plus t'opposer à ce mariage. En fréquentant la cour, tu comprendras un jour à quel point tout ceci est important. Je peux te faire...

Elle interrompit sa phrase, comme à son habitude, mais cette fois ce n'était pas une coquetterie pour caser des points de suspension. Mon père venait de faire son apparition aux portes de notre domaine. Le chevalier des Jurons avait encore dans la bouche la bordée d'insultes avec lesquelles il comptait me canarder, mais il s'était figé avant de faire feu en découvrant qui venait de me ramener ainsi à bon port.

— Malva ?

— Riton.

Leurs voix à tous deux n'étaient que murmures..., ce qui pour mon père était très inhabituel.

— Adieu, Robinson. N'oublie pas mes recommandations.

Elle fit signe au cocher et s'en alla.

Je traînai des pieds en direction de mon père. Je me préparai intérieurement à recevoir un quintal de jurons avant de devoir répondre à une tonne de questions. Au lieu de cela, mon père resta interdit, regardant le carrosse de Malva disparaître au loin. Après une minute de silence, j'hésitai à prendre moi-même la parole. Mais le cocher s'en chargea.

— Monsieur se sent pas bien ? Il est tout pâlot.

Mon père se tourna d'abord vers le cocher, puis vers moi, puis à nouveau vers le cocher.

— Toi ! Va donc apprendre à tes chevaux à épeler le mot *licenciement*.

Mon père soupira comme si une immense lassitude venait de s'abattre sur ses épaules.

— Je suis épuisé. Je peux aller me coucher ? demandai-je, profitant de la soudaine faiblesse paternelle pour éviter une engueulade.

— Va pioncer, concéda-t-il en fixant à nouveau la ligne d'horizon où se perdait la route.

Où je fais mes adieux à José et me résigne à me marier

Je commençai par dormir durant tout le jour, puis toute la nuit, pour m'éveiller au petit matin suivant. Il restait moins d'une semaine avant le jour des noces.

Quand mon père se décida à poser des questions sur ma disparition, je mentis en disant que je m'étais perdu. J'expliquai que, par chance, j'avais rencontré Malva des Trois Petits Points qui très gentiment m'avait ramené au domaine. Il sembla dubitatif. Je m'emberlificotais dans mes bobards, en inventant un nouveau pour justifier le précédent. Mon père renonça à connaître la vérité et la sanction tomba :

— Fini les bêtises, tu sors plus sans moi.

— Sortir ? Pour quoi faire ? À la surface, ils sont dingues. Il y a des gens qui vendent leurs dents pour s'offrir un peu de pain !

— Qu'est-ce que tu me baragouines ! Personne ne vend ses dents... Comment ils mâchonneraient leur tartine après ?

— C'est facile pour toi, tu croules sous le pognon ! J'ai vu la misère dans le vieux Senonces. On peut comprendre les réformés qui veulent changer tout ça.

Mon père fit une petite moue en se grattant le bidon.

— Robinson, les choses sont comme elles sont. On a la chance d'être du bon côté du manche ! De quoi tu te plains ?

— Et si tout ça changeait ? On parle de révolution...

— Ta, ta, ta... Vu le nombre et la puissance des dragons, le roi n'a pas à s'en faire pour ses miches. On raconte partout que le problème sera réglé dans les jours à venir. Ils ont trouvé où se cachent les insurgés. Et puis, tu vas te marier. Pense plutôt à ton avenir. Demain, répétition !

J'écarquillai un œil, plissai l'autre. Pour un peu on aurait dit mon père :

— Une répétition ? Quelle répétition ?

— Pour la cérémonie, du gland ! Tu crois qu'un mariage de cette importance, ça s'improvise ? On a rendez-vous à la cathédrale avec le prêtre pour voir tout ça.

-AZ-

Le lendemain, en descendant de carrosse, je fus saisi. La cathédrale Notre-Dame de Senonces. Je n'avais jamais vu pareil édifice. Je me sentais comme écrasé devant ses deux majestueux clochers et cet œil de cyclope que formait la rosace centrale.

Le duc, la duchesse, Olympe... et le prêtre qui allait nous unir nous attendaient. Je commençais à traîner les pieds dans leur direction quand une voix derrière moi m'interpella :

— Robinson, je vais te couper les oreilles !

— José ?

J'étais heureux de retrouver un visage amical (même si c'était celui de l'homme qui m'avait arrêté).

— Alors, cette nuit en prison ? rigola-t-il comme s'il évoquait une vieille blague. Ça forge le caractère, non ? Prends-le comme l'ultime leçon de ton maître d'armes.

— Moins fort, m'étranglai-je en jetant un regard en biais vers mon père qui roulait doucement vers ma future belle-famille. Je n'ai rien dit.

— D'accord, je me tais. Je ne veux pas t'attirer plus d'ennuis encore. Par contre, je suis curieux de savoir ce que tu faisais dans ce quartier mal famé.

— Trop compliqué à expliquer.

José me sonda d'un regard ténébreux. Il portait son uniforme, son mousquet, sa rapière... et tout un barda sur le dos. Je voulus le questionner sur cet équipement pour le moins encombrant, mais il parla le premier :

— Alors, tu vas te marier ? dit-il en désignant du menton le petit groupe sur le parvis.

— Je crois bien, ce n'est qu'une répétition aujourd'hui, mais dans une semaine ce sera la bonne. Tu pourrais venir ? Comme ça, il y aurait au moins une personne que j'aurais vraiment invitée à ce mariage. Ça me ferait plaisir que tu sois là.

José eut un petit rire désolé. Il semblait touché mais déclina mon invitation :

— Ma garnison part ce soir. Les réformés sont rassemblés dans le sud, une vieille forteresse dans la province de la Langue d'Oc. Nous allons les assiéger.

— Les réformés ont quitté la ville ? m'étonnai-je.

Kristof était encore à Senonces, il y a deux jours. Peut-être était-il parti depuis... mais il ne pouvait pas avoir rejoint le sud du royaume aussi rapidement ! José me tira de mes pensées :

— Enfin un peu d'action, je ne me suis pas engagé chez les dragons pour repriser des chaussettes ! conclut-il dans un rire sonore.

— Bonne chance, alors !

— Garde ta chance, c'est toi qui vas en avoir besoin. Tu vas te marier à une femme que tu n'aimes pas, c'est bien plus dangereux que de s'attaquer à une centaine de réformés, non ? Et bien moins honorable, je dois te le dire.

Je tendis la main à José qui la serra chaleureusement. Je devais y aller. Il me salua en se décoiffant de son bonnet en forme de A, et je me forçai à poser un pied devant l'autre pour rejoindre le parvis de la cathédrale.

-AZ-

— Mes enfants, mes enfants, répéta le prêtre plusieurs fois, un sourire vissé sur le visage. Le mariage est une chose sacrée. Une alliance entre deux êtres unis par le merveilleux sentiment de l'amour.

Je ne réagis même pas devant l'ironie de ce que venait de déclarer le curé. Il y avait autant d'animosité entre Olympe et moi que de *e* dans le mot *mésentente*. Le curé était dupe... comme la duchesse. Depuis que je lui avais fait croire que sa progéniture lisait des grammairiens en cachette, elle passait tout à sa fille. Celle-ci jouait assez mal son rôle. Elle me souriait avec la bouche de travers, on aurait dit un texte en *italique*. Elle me lançait des œillades exagérées, on aurait dit qu'elle ne pouvait s'empêcher de mettre des guillemets à chacun de ses regards.

— Nous sommes réunis aujourd'hui pour préparer au mieux la cérémonie, poursuivit le prêtre avec un ton très doux, comme un médecin qui expliquerait à un malade comment il va le tirer d'affaire. De même que l'adjectif s'accorde avec le nom auquel il se rapporte, de même que le verbe s'accorde avec le sujet, les époux doivent s'accorder pour...

— Oui, oui, on pourrait peut-être passer à l'essentiel ? coupa mon père.

— Mais ceci est essentiel, répliqua avec une voix encore plus douce le prêtre.

Il se lança alors dans un long sermon, citant abondamment le *Saint Dictionnaire de l'Académie*. Il noya peu à peu mon paternel sous les bondieuseries. Celui-ci n'osa pas l'envoyer paître comme il avait coutume de le faire. Après tout, il s'agissait du curé de la cathédrale de Senonces. J'en profitai pour glisser un mot à l'oreille d'Olympe.

— J'ai vu Kristof, il y a deux jours. Je lui ai proposé de l'argent pour qu'il puisse s'enfuir avec toi.

— Et qu'a-t-il dit ? s'empressa-t-elle de demander.

Son sourire forcé venait de s'effacer.

— Il a refusé. Son combat pour la Réforme passe avant son amour..., j'en ai peur.

Elle ne put retenir une petite moue déçue, puis se ressaisit :

— De toute façon, je ne l'aurais pas suivi... *Mon seul amour, c'est vous, Robinson...*

On aurait dit qu'elle récitait un texte. Et elle n'était pas plus convaincue qu'un enfant ânonnant ses règles grammaticales. À quoi jouait-elle ? Je ne parvenais pas à saisir.

Ce mariage semblait d'une grande importance pour tout le monde. Pour son père et le mien évidemment. Mais aussi pour Malva. Selon elle, il empêcherait le comte de la Langue de Bois de prendre trop de pouvoir. Et aussi pour Olympe, mais pour une raison qui m'échappait totalement. Il allait falloir jouer le jeu jusqu'au bout pour comprendre ce qui se tramait derrière tout ça.

— Je jure de t'aimer jusqu'à la mort, me dit le prêtre avec la même tendresse dans la voix que s'il m'annonçait que j'allais bientôt mourir.

— Pardon ?

— Je jure de t'aimer jusqu'à la mort, répéta-t-il avec lenteur.

Je ne comprenais toujours pas où il voulait en venir.

— Corniaud, c'est ton texte ! explosa mon père.

— Monsieur, châtiez votre langage, intervint le prêtre sans une once de reproche dans la voix. Nous sommes dans la maison de la Très Sainte Langue française. Mon fils, vous vous tournez vers la mariée et vous lui dites : « Je jure de t'aimer jusqu'à la mort ».

— Ah ! Excusez-moi, *je jure de t'aimer jusqu'à la mort*, récitai-je sans conviction.

— En vous tournant vers elle, m'encouragea-t-il.

Je pivotai la tête. Olympe était livide. Jouer la comédie en cet instant était au-dessus de ses forces. Ses grands yeux bleu pâle vibraient comme une eau proche de l'ébullition. Elle se mordit la lèvre pour se contenir mais je remarquai malgré tout les larmes qui perlaient au coin de ses yeux.

— Je jure de t'aimer jusqu'à la mort, dis-je sans plus d'émoi.

Acte IV

Un [redacted] *de mariage*

Où tout commence comme prévu

J'ai enfin un peu de temps devant moi : Gaspard est malade ! Un bon rhume des foins, c'est la saison. Je ne vais pas me réjouir, le pauvre est cloué au lit avec un nez comme une patate, un teint de navet, les yeux qui coulent comme s'il avait épluché un quintal d'oignons. Une vraie jardinière de légumes. Ainsi, me voilà avec quelques jours tranquilles sans avoir à me cacher de mon cerbère.

Mes enfants et petits-enfants sont tous en voyage loin de Senonces, le Conseil royal est passé et je n'ai pas plus que ça le cœur à préparer celui de la semaine prochaine. Je me vois donc avec le loisir de finir, enfin, mes aventures de jeunesse. Il en reste encore un bien gros morceau et non des moindres. Un des événements qui hantent à présent les livres d'histoire. J'y étais, et aux premières loges.

J'ai pris mes quartiers dans les jardins. Je me suis réfugié derrière un massif de fleurs superbes qui ferait fuir ventre à terre ce pauvre Gaspard, en bon allergique au pollen qu'il est. Un grand arbre m'offre sans rechigner son ombre, et un peu plus loin une fontaine ornée d'une sculpture représentant saint Ornicar chante doucement. Le glougloutement est juste assez lointain pour qu'il me berce sans pour autant me fatiguer, l'ombre de l'arbre juste assez fraîche, tout est parfait. Reprenons.

–AZ–

Où en étais-je ? Ah oui ! à la cathédrale de Senonces. La répétition du mariage expédiée, je regagnai avec mon père notre domaine où je continuai à me traîner, passant le plus clair de mon temps au lit. Je n'avais envie de rien. Cette semaine qui précéda mon mariage fut, pour moi, aussi vide que l'espace qui sépare les mots *liberté* et *perdue* dans la phrase : « Et il pleura jusqu'à la fin de ses jours sa liberté perdue. »

Pourtant, un événement d'importance se déroula à Senonces durant ces quelques jours. Les dragons du roi partirent en campagne pour la plus grande gloire de leur chef, le duc de l'Impératif… et pour le plus grand soulagement de la populace de Senonces. Je ne vis rien de tout cela. Mon père me proposa de l'accompagner pour acclamer les troupes sur le départ. Je déclinai son offre, préférant rester vautré sous mon édredon.

J'imaginais José avec son bonnet vert et jaune, le mousquet posé sur l'épaule. J'imaginais Kristof terré dans quelque lieu imprenable avec les autres réformés à attendre la bataille. Sans doute savait-il déjà, lors de notre rencontre à l'église Sainte-

Apostrophe, qu'il partait, peut-être le jour même, pour le combat final. Selon la rumeur, le combat ne pouvait tourner qu'au désavantage des réformés. Ils étaient peu entraînés, mal équipés et en nombre moindre. Que pouvaient-ils face aux terribles dragons ? Le bruit courait qu'ils s'étaient retranchés dans une vieille forteresse qui datait du Moyen-Français. Tout le monde s'accordait à dire que les remparts ne tiendraient pas une journée face à l'artillerie moderne de l'armée de Sa Majesté. L'affaire était entendue, la Réforme comptait ses dernières heures.

Puis le grand jour arriva. Pas celui de la bataille, celui de mes noces. Grand par son importance dans ma vie et dans celle du royaume, grand aussi par sa taille, tant furent nombreux les événements qui allaient s'y dérouler. Ce n'est pas le comte de la Polysémie qui me contredira là-dessus.

Devant la cathédrale, la foule était massée. Les dragons – il en restait malgré tout quelques-uns en ville – avaient la charge de la tenir à distance du parvis de la cathédrale. Les aristocrates sont assez réticents à voir les gens du peuple s'approcher trop près d'eux, surtout quand ils sont en nombre. Les *Si* n'aiment pas les *Rais*, les nobles n'aiment pas le populo : si j'aurais su la défiance des uns vis-à-vis des autres, j'aurais pris plus de précautions en allant visiter les quartiers du vieux Senonces.

Un large passage était donc assuré par les soldats afin de permettre le défilé des carrosses devant Notre-Dame. Chaque attelage libérait son lot de passagers qui allaient gonfler les rangs des invités. Tous rivalisaient, dans leurs costumes, leurs bijoux, leurs perruques, en élégance et en faste. Madame avait la taille la plus fine, la chevalière de monsieur était fort brillante, la robe de mademoiselle extrêmement superbe, le plastron de ce damoiseau très très très richement ouvragé de broderies. On pouvait parler d'une cérémonie superlatifissime !

À mon arrivée, les rares à m'acclamer furent les trois lavandières qui se dandinaient au premier rang de la foule en roucoulant à qui voulait l'entendre qu'elles me connaissaient et que j'étais un véritable gentilhomme.

— C'est le p'tit des Jurons ! s'exclama la première.

— Un bon gars avec la main sur le cœur, ajouta la seconde.

— *Merda, merdae, merdum !* Vive le p'tit des Jurons ! s'écrièrent les trois en chœur.

Les invités avaient rarement le droit à des ovations de la part du public. On venait au spectacle pour contempler les toilettes et les attelages, mais aussi pour se conforter dans l'idée que tous ces gens de la haute vivaient dans un luxe indécent. Luxe permis par l'argent collecté en taxes, impôts, dîmes, patentes, tributs, redevances, ponctions, prélèvements, saisies..., le baron des Synonymes n'étant pas le dernier à leur ôter les mots de la bouche. On était là autant pour admirer que pour haïr.

Certains furent même sifflés, comme le duc de l'Impératif, le chef de ces dragons si détestés. Je remarquai à son arrivée, frappé sur la portière de son carrosse, son blason surmonté d'une couronne. Malva m'avait expliqué que c'était le signe distinctif des membres du Conseil royal. Mon ordre d'arrestation après l'épisode des arènes portait les mêmes armes. Était-il possible que le duc ait voulu me jeter sous les verrous ? J'avais d'autres préoccupations sur le moment et n'y songeai qu'une seconde. Le roi faisait son entrée.

Lui seul eut droit à un véritable triomphe. Malgré son grand âge, le poids des impôts et la dureté de ses soldats, il demeurait aimé par la plupart... En tendant l'oreille, des huées étaient malgré tout audibles derrière les vivats.

Les invités étaient à leur place, l'église était bondée. Au premier rang, Sa Majesté, les parents des futurs époux, mais aussi les membres du Conseil du roi. Ainsi, le duc de l'Imparfait du Subjonctif n'était qu'à quelques pas de son ennemi le comte de la Langue de Bois (toujours aussi repérable avec sa chevelure noire perdue dans la foule des perruques blanches), qui, comme un fait exprès, était assis au côté du duc de l'Impératif (toujours aussi sévère avec ses épaisses moustaches taillées en pointe).

Venaient ensuite les gens de haut rang comme les Participes Passés, que j'avais aperçus se changer au dernier moment entre deux carrosses arrêtés non loin de l'église. La marquise des Trois Petits Points m'envoya un signe de son éventail, accompagné d'un de ses sourires en forme de cœur dont elle avait le secret.

— Mon garçon, quel éclat par mes yeux reçu ! Sans façon, le contraire m'eût déçu, s'amusa le vicomte de la Cédille en plaçant sa main devant son visage aveuglé alors que je remontais l'allée centrale. Il se moquait du clinquant de mon costume.

Les petits aristocrates occupaient les derniers rangs (comme Mimile, le baron de l'Argot) ou même se tenaient debout dans le fond de l'église, car il n'y avait pas assez de places assises (comme Otto, le baronnet des Palindromes). On ferma les portes, le peuple n'était pas invité à la cérémonie, il resterait dehors en attendant la sortie des jeunes mariés. Dans cet atmosphère de tension, alors que l'on savait la bataille entre les dragons et les réformés imminente, alors que la capitale n'était plus surveillée que par une poignée de soldats, tout devenait possible. Pourvu qu'à la sortie les badauds assemblés nous accueillent avec des fleurs plutôt qu'avec des pavés !

–AZ–

L'éternel sourire du prêtre s'agrandit plus encore. Il semblait très attendri par la situation, il voyait en Olympe et moi un couple bien assorti. Il nous imaginait déjà coulant des jours heureux, entourés de plein d'enfants : il se faisait son conte de fées. À l'époque, je le croyais naïf. Aujourd'hui, je sais qu'il était simplement bon comédien. Il devait faire comme si. Comme nous tous ce jour-là.

Le prêtre se tourna vers le roi Alexandre I, le salua avec respect. Il parcourut du regard la nef centrale. Toute la cour était là, il n'avait jamais vu son église bondée de la sorte. Pour lui aussi, c'était un grand jour.

— Sire, et vous tous réunis en ce jour, commença-t-il d'une voix forte tout en ponctuant sa phrase de sourires appuyés comme autant de silences éloquents, nous sommes ici pour célébrer l'union de deux jeunes gens devant la Très Sainte Langue française. L'union d'Olympe, fille d'Achille et Hélène, duc et duchesse de l'Imparfait du Subjonctif, et de Robinson, fils de Riton, chevalier des Jurons, et de dame Joséphine.

Nous allons procéder à l'échange des serments entre les futurs époux. Robinson, acceptes-tu de prendre Olympe pour épouse et de vivre avec elle selon les lois de la Grammaire, de l'Orthographe et de la Syntaxe ?

Le silence était total. Ce silence particulier que l'on perçoit quand des centaines de personnes retiennent leur souffle en même temps. Un silence fragile. Un silence inquiétant aussi. Un silence qui promet de se transformer en tempête de rires ou d'injures, d'applaudissements ou de huées.

C'était à moi de dire mon texte. Je me tournai vers Olympe. Aussi étonnant que cela puisse paraître, elle se tourna vers moi. Elle plongea ses yeux dans les miens. Elle était vivante, palpitante, essoufflée sous le coup de l'émotion. Elle avait un sourire, un vrai sourire, un sourire de bonheur, de joie, d'exaltation. Ses dents blanches s'entrouvrirent pour laisser échapper un rire. Je souris à mon tour. Par contagion, sans trop savoir pourquoi.

J'allais dire mon texte, j'allais jurer de l'aimer jusqu'à la mort, elle allait le dire aussi, nous allions nous embrasser, le terrible et fabuleux silence se déchirerait sous les exclamations attendries et je prendrais ses mains dans les miennes, et il y aurait des vivats lors de notre sortie de l'église, et des claquements de mains, et des sifflements enthousiastes, et des bourrades de félicitations. Finalement, on ne se mariait pas par amour, mais peut-être que l'on finirait par s'aimer.

Le rire d'Olympe gonfla dans sa gorge. Elle hoquetait presque comme prise d'une quinte de toux... elle ne riait plus, elle ricanait. Mon sourire s'éteint. Je n'eus pas le temps de dire mon texte. Finalement, c'est elle qui prit la parole. Un simple mot, que je ne pus que deviner sur ses lèvres car au même moment une explosion assourdissante fit voler en éclats la porte de la cathédrale :

— Imbécile !

Où rien ne se passe comme prévu

Alors que les portes de la cathédrale se fermaient, au-dehors les opérations avaient commencé. Deux jeunes gens perdus dans la foule donnèrent le signal. Le premier, montant sur les épaules du second, agita au-dessus de sa tête un bonnet bleu en forme de R. Un peu partout parmi les spectateurs, d'autres rebelles sortirent des couvre-chefs identiques et s'en coiffèrent.

Au même moment, quelques hommes désossèrent une roulotte qui pouvait passer pour une échoppe ambulante. L'un retirant un pan de bois, l'autre un drap, ils révélèrent un canon rouillé. C'était une vieille bombarde qu'ils avaient récupérée on ne sait où. En quelques minutes, les dragons qui formaient le cordon de sécurité furent mis hors d'état de nuire alors que déjà des grappins lancés permettaient à des grappes de réformés d'escalader la façade. Il n'avait pas fallu longtemps aux badauds ignorants du complot pour comprendre ce qui se passait. Les fidèles d'Alexandre I préférèrent quitter la place plutôt que de s'opposer. Quelques timorés s'éloignèrent par crainte d'un mauvais coup. Beaucoup, parmi les plus miséreux surtout, se rallièrent spontanément aux insurgés, aidant à pousser le canon face aux portes de Notre-Dame.

Dans les hauteurs de la cathédrale, parmi les gargouilles, Kristof observait la cérémonie par un vitrail descellé. Il leva la main. Un complice lui indiqua d'un geste que leur unique pièce d'artillerie était en place. Je venais de me tourner vers Olympe pour réciter mon texte. Elle commença à rire. Le jeune homme abaissa le bras en guise de signal. Un instant plus tard, le boulet arrachait de ses gonds le portail qui s'effondra dans un fracas assourdissant.

L'objectif n'était pas tant de faire des dégâts que de terroriser la cour, de les paralyser, de les clouer sur place. Les insurgés pénétraient de partout, il en tombait par poignées, accrochés à des cordes, les vitraux volaient en éclats. Ils envahissaient l'allée centrale, pointant leurs fusils et leurs piques sur les gens assemblés.

— Je ne le verrais de mes yeux, je ne pourrais croire à une attaque hostile contre nous ! s'exclama le vicomte du Pléonasme. Cette trahison est une félonie !

— Sous les conjonctions de coordination, la plage ! hurlaient un groupe de rebelles en ferraillant avec quelques téméraires qui venaient de dégainer leurs épées d'apparat.

— Boum ! grrr ! grrr ! Tchac et tchoc ! Zip ! rugissait le baron de l'Onomatopée en distribuant les coups de taille et d'estoc.

— Le changement grammatical, c'est maintenant ! tonna un solide gaillard en assenant un coup sans subtilité en retour.

Les réformés eurent tôt fait d'avoir raison des élans de courage et des années d'entraînement à l'art de l'escrime. Les lames se baissèrent après que le premier homme fut tombé à terre. L'Onomatopée râlait alors qu'une tache rouge s'élargissait sur son pourpoint. Blop, blop.

— Argh !

Tout se figea : nous d'abord, car nous étions ligotés par la surprise et la peur ; eux ensuite, avec leurs yeux injectés de haine qui nous menaçaient. La poussière soulevée par l'explosion retomba, le bourdonnement dans nos oreilles succéda au vacarme, les bruits du dehors nous parvenaient. Des détonations, des cris, des explosions. Ils prenaient la ville, délogeaient les dragons restés pour protéger la capitale, contrôlaient peu à peu chaque rue, chaque quartier, chaque tourelle des remparts qui enserraient Senonces.

— Ah ! ça ira, ça ira, ça ira, les compléments d'objet direct à la lanterne ! chantait la foule au-dehors.

Par la porte éventrée, on ne voyait que des fumées épaisses et des ombres grisâtres qui passaient en courant. Certains fuyaient, d'autres poursuivaient. Parfois un coup de feu claquait.

Une silhouette imposante se découpa dans ce brouillard : un homme à la barbe hirsute, au crâne rasé. Il remonta l'allée. Les talons de ses bottes claquaient sur le pavement. Il portait un pistolet dans une main et un sabre dans l'autre. Il s'avançait vers moi. Je reculai en portant la main au pommeau de ma rapière. S'il le fallait, j'étais prêt à me défendre. Je croyais qu'il m'en voulait personnellement, mais il cherchait simplement à prendre ma place afin que tous le voient. Il monta en conquérant sur l'autel pour s'y tenir debout. Ce sacrilège ne manqua pas de faire glapir d'indignation dans les rangs de l'aristocratie. Il toisa Alexandre I, demeuré assis, deux canons de mousquet pointés sur les tempes.

— Mèdames et mèssieus, vicontes, markises et otres aristocrates, je me présente : Zoltan, nouvo mètre de la vile !

— Usurpateur ! osa M. de l'Exclamation.

Un coup de crosse dans le ventre le plia en deux et lui coupa l'envie de ponctuer quoi que ce soit.

« Quel plésir de vou voir ici réuni. Toute la cour en ce lieu pour célébré, non pas un mariage, mais l'avèneman de la Réforme ! »

En reculant, j'avais rejoint le prêtre dans le fond du chœur. Il ne souriait plus du tout. Je l'entendais même claquer des dents. Le chef des insurgés me tournait le dos. Je vis à la base de son crâne un Z tatoué.

« D'ici peu chak créno des fortificassions de la vile sera sou notre controle. Come chakin sè, grasse a sè ranpar, Senonces è inprenable. Pandan que les dragons se perdent dan le sud du royaume a nou courir aprè, nou prenon le pouvoir. À leur retour, ils se casseron lè dan sur no murs. Une foa exterminé, le Royaume du fransais sera enfin libéré du jou du tiran. »

Olympe, non loin de moi, buvait les paroles de Zoltan. Un sourire extatique illuminait son visage : elle était en admiration.

« Je pourai te tué issi et mintenan, éclata soudain le chef des insurgés en pointant son sabre dans la direction du roi. Mais le peuple mérite d'assisté à l'exécussion de son despote, ajouta-t-il d'un ton brusquement très calme. Tu sera pendu en plasse de grève, demin matin. Eh oui, sire, ce n'est pas une réforme, c'est une révolussion ! »

Un brouhaha gagna la foule. On y percevait des protestations indignées, des lamentations désespérées, mais aussi des vivats enthousiastes de la part des insurgés.

Zoltan savourait l'effet de son annonce. Les coups commençaient à pleuvoir pour faire taire les voix les plus véhémentes de la noblesse. Goguenard, il reprit son discours :

« Chacun d'entre vou issi sera jugé par un tribunal du peuple. Si vous abjuré vos excepssions gramaticales, vos conjugèsons tarabiscoté, vos figures de stile prétenssieuses, vou zorez la vi sauve. Sinon, ce sera la mor ! »

Peu à peu, les visages des invités étaient passés de la peur à la consternation. Leur temps était fini. Ils allaient perdre leurs titres, leurs terres et ils devaient s'estimer heureux s'ils conservaient la vie.

« Je déclare ojourdui, devan vou, la fin du règne d'Alexandre I. Une ère nouvel comance. Nou zalon décapité les doubles consones inutiles, nou zalon écharpé les trè d'union spoliateurs, nou zalon invariabilisé à tour de bra. »

Il y eut un glapissement étranglé dans le public, la comtesse du Participe Passé venait de s'évanouir. L'idée que sa famille puisse être invariabilisée était insoutenable. Son époux, dont le teint avait pris la même couleur blanchâtre que sa perruque, tentait de la ranimer. D'un claquement de doigts Zoltan fit signe à deux de ses hommes. Ils empoignèrent le comte, le traînèrent jusque devant l'autel et le jetèrent aux pieds de leur chef.

— Pitié, pitié ! sanglotait le pauvre homme.

— Coman te nome-tu ?

— Charles-Aimé du Participe Passé.

— Conbien de *n* pran le verbe *honorer* ? questionna Zoltan d'une voix menaçante.

— Un seul, bredouilla l'autre.

— Et le nom *honeur* ?

Il y eut un silence. Le comte regardait en tous sens, terrorisé. Ses yeux couraient depuis le sabre du chef des réformés jusqu'à son épouse encore inconsciente, en passant par le roi qui le fixait avec gravité derrière les deux révolutionnaires qui le tenaient en joue.

— Un seul..., lâcha-t-il du bout des lèvres.

Il fondit en larmes. Il venait de blasphémer pour sauver sa vie et celle de sa famille. Zoltan coinça son pistolet à sa ceinture et, de sa main libre, souleva le comte pour le présenter devant la foule.

— Fète come lui, et vou zorez la vi sauve ! Chacun d'entre vou sera amené a renié en public sa Langue.

— Il nous faudra même renier les règles d'accord des compléments déterminatifs ? bredouilla un des convives, aussi chétif qu'abasourdi.

— Comment qu'y cause celui-là ? cracha l'homme au bonnet bleu à ses côtés.

— Voyons, monsieur, on écrit « confiture de fraises » avec un *s* à *fraises*, s'enhardit le petit monsieur bien qu'il soit dominé d'une bonne tête par l'autre. Mais « sirop de fraise » sans *s* à *fraise* !

— Il a pas compris ce qu'a dit not'chef, j'crois bien! aboya l'autre. Plus d'exceptions, plus de règles, la liberté pour tous! Fini les taxes sur les accords, les impôts sur les conjugaisons, les redevances sur les figures de style! À bas les privilèges!

Le petit monsieur resta avec sa pâte d'amandes (avec un *s*) et son jus de raisin (sans *s*) et préféra se taire. Des réformés commençaient à passer dans les rangs pour confisquer les épées. Une fois désarmés, les nobles partaient sous bonne escorte jusqu'à la Bastille dans l'attente de leur procès. Peu à peu, la cathédrale se vidait depuis le fond de la nef. Les premiers rangs étaient encore pleins de ducs et de duchesses tremblants de peur, quand Kristof arriva en courant.

— La ville est à nous, nous avons vaincu les dernières poches de résistance! claironna-t-il.

Les insurgés poussèrent des vivats pendant que le jeune homme remontait l'allée centrale pour se jeter dans les bras d'Olympe. Ils s'embrassèrent avec fougue.

— Ma fille avec ce vaurien! se désola le duc. Je ne pensais pas que les Imparfait du Subjonctif pussent choir aussi bas...

Il passa une main sur l'épaule de la duchesse qui retenait avec peine ses sanglots. Le monocle du duc pendait au bout de sa chaîne. Son regard était hagard alors qu'on entendait dans les rangs des murmures où surnageaient les mots « Olympe » et « traîtresse ».

Les deux amants terribles m'avaient bien eu. Ils n'avaient rien fait pour empêcher le mariage, bien sûr! Ils voulaient profiter de la cour rassemblée pour passer à l'attaque et pouvoir capturer toute la noblesse d'un coup... Et les dragons qui n'étaient même plus là ! C'était un jeu d'enfant de prendre la ville, sans eux pour la protéger. Qui avait donc eu l'idée de les envoyer dans le sud du royaume traquer des réformés qui visiblement ne s'y étaient jamais trouvés ? Un piège. On avait transmis à l'état-major une fausse information. La prise de la ville devenait une formalité.

Alors que les insurgés continuaient d'emmener (ou d'amener, mais si toutes les règles sont abrogées, quelle importance ?) les aristocrates vers la Bastille, j'attendais mon tour et m'imaginais déjà y passer à nouveau la nuit (et sans doute plusieurs). Un des révolutionnaires me réclama mon épée.

— Laissez-lui son arme, il est des nôtres, intervint Kristof.

Il y eut à nouveau des murmures dans l'assistance.

— Misérable ! Traître ! Félon ! gronda M. de l'Exclamation.

— Cette famille porte le sceau de l'infamie ! ajouta le comte des Homonymes. À pleins seaux ils nous trahissent, franchissant d'un saut la frontière vers les insurgés. Les sots !

Mon père, comme tous les autres, tremblait de toute sa graisse depuis que les réformés étaient passés à l'attaque. Voyant que son fils, de manière totalement inattendue (et pour cause, moi-même je n'en savais rien), était du côté des vainqueurs, il se détendit enfin.

Il se redressa en chantonnant qu'il voulait bien ne mettre qu'un *m* à « je vous [redacted] », pour peu qu'il puisse partir d'ici libre. Les autres le regardèrent, l'air mauvais.

— Si tu veux, ricana un des bonnets bleus. Pour autant, fini les sous-sous à chaque juron ! Maintenant, les grivoiseries, les gros mots, les insultes, tout ça c'est gratuit.

Le sourire paternel s'effaça quelque peu. Il évitait la prison, c'était déjà ça.

— Robinson, merci quand même de nous tirer de ce mauvais pas, conclut-il en me donnant une bourrade dans le dos.

— Mais je ne te tire de rien du tout ! explosai-je. Je suis pas avec ceux-là, ni avec ceux-ci. Je m'en tamponne les dessous de bras de vos révolutions, de vos politiques de la Langue qui doivent être comme ci ou comme ça, de vos alliances entre grandes familles ! Laissez-moi en dehors de vos salades ! Et toi (je me tournai vers Kristof), bien sûr que tu as refusé mon aide pour vous enfuir. Et toi (c'était le tour d'Olympe), tu ne faisais pas tes adieux dans la chapelle ! Non, tu prenais les consignes : le mariage devait avoir lieu pour que votre plan fonctionne. Ton numéro de charme (aussi convaincant qu'un synonyme approximatif, soit dit en passant), tes « *mon seul amour, à présent, c'est vous* », tout ça c'était du vent !

Je voulais me contenir mais mes mots trahirent ma pensée.

J'avais casé dans ma tirade plus de jurons qu'il n'en avait jamais été prononcé dans la cathédrale. Mon père était admiratif, les réformés amusés, les aristocrates scandalisés... et Olympe remontée.

— Non mais, tu croyais quoi ? Que j'étais tombée amoureuse de toi ?... Qu'on allait se marier ? Qu'on allait avoir des enfants qui conjugueraient le verbe *gueuler* à l'imparfait du subjonctif ? *Que je gueulasse, que tu gueulasses, qu'il gueulât...* Tu t'es regardé ? Avec ton air empoté, tes costumes de carnaval ?... T'es un tiède. « Je suis pas pour Machin, mais je ne suis pas non plus pour Truc ! » T'as pas le choix. Si tu t'occupes pas de politique, la politique s'occupe de toi !

— Et la politique, maintenant, c'est nous ! ajouta Kristof d'un air conquérant. Laisse-le, Olympe. Il nous a bien servis, après tout. Qu'il retourne s'encrouter dans son trou si ça lui chante.

Des vociférations retentirent alors sur le côté de l'autel. Trois réformés traînaient le prêtre par les pieds pour le présenter à Zoltan.

— Regardez qui on a trouvé ! Il cherchait à s'enfuir par la sacristie.

— Oh ! Ce n'è pa trè malin de vouloir nou fosser conpagni, curé ! Lè sain dictionaires de l'académi, l'ancien et le nouvo Bescherelle, au feu tou sa ! Oui, fini ossi lè privilèges du clergé, nou zalon réquizissioné lè zéglise, lè monastère et lè couvan.

Sur ce dernier mot, il toisa la mère supérieure de la Prétérition. Cette dernière ne broncha pas d'un cil, se contentant de fixer le chef des rebelles d'un œil implacable et froid comme la banquise.

— Le monde ne sera libre que kan le dernié curé sera pendu avec lè tripe du dernié gramérien. En prison, come les zotres !

Zoltan se désintéressa du prêtre pour s'avancer vers le corps sans vie du baron de l'Onomatopée. Il le regarda avec une grimace sanguinaire.

« Aoutch ! Aïe ! Bouhouhou... il è mor le povre ! » ironisa-t-il en faisant ricaner quelques bonnets bleus au passage.

Il ne restait plus que les deux premiers rangs des invités de ce qui devait être un mariage et qui venait de se transformer en coup d'État. Il y avait là les membres du Conseil du roi, Sa Majesté et la mère supérieure du couvent de la Prétérition.

Soit une vingtaine d'entre nous, la perruque de travers et les yeux hagards. Régulièrement, des messagers venaient donner des nouvelles des combats à Zoltan. Le désastre militaire était complet : les remparts, la ville et les faubourgs étaient à présent aux mains de la Réforme.

— Cette catastrophe, comment est-ce possible ? marmonna le duc de l'Imparfait du Subjonctif. Il aurait fallu que les dragons siégeassent ici et non à l'autre bout du royaume ? J'aurais souhaité que l'ordre de transférer les troupes ne parvînt jamais aux oreilles des officiers.

Les moustaches du duc de l'Impératif ne tremblèrent nullement devant ces accusations, à peine voilées. C'était lui, bien sûr, chef des bonnets verts, qui avait vidé la capitale de ses soldats.

Le roi aussi restait stoïque : il venait de perdre son royaume, se savait condamné à mort, mais il gardait un air digne. Il ne supplia pas qu'on l'épargne. Il ne semblait même pas condamner ceux qui avaient renié leur Langue en moins de temps qu'il en faut pour dire « haute trahison ».

La mère supérieure se pencha à son oreille. Je voyais ses lèvres débiter avec précipitation des paroles alors que ses yeux gris demeuraient aussi immobiles que deux balles de mousquet qui attendent de faire feu dans le fond de leur canon. Le monarque écarquilla un de ses sourcils blancs et laineux.

— Madame, je vous prie, parlez fort que j'entende.

Autour de nous l'agitation est trop grande.

La vieille femme renonça dans un soupir. C'était à se demander si le roi comprenait vraiment ce qui se passait. Peut-être était-il suffisamment sénile pour croire que tout était normal.

À présent libre de mes mouvements, je descendis l'allée centrale pour jeter un coup d'œil au-dehors. Un groupe d'insurgés se tenait autour du canon en chantant à la victoire. Leurs armes reposaient sur le pavé et un tonneau de vin était en perce où chacun allait remplir son godet. Le petit peuple semblait très satisfait de la tournure des événements, et plus d'un ne rechignait pas à boire son coup à la santé de la Réforme.

— Quelle raclée vous leur avez mise ! félicita un pauvre hère qui venait de se joindre à la bande.

— « *Quelle raclée vous leur avez mise* » ?! s'étrangla un des rebelles en renversant la moitié de son verre sur son menton. Tu te prends pour un gars de la haute ou quoi ? T'accordes encore tes participes passés, c'est fini tout ça !

— Ben, quand le COD est placé avant l'auxiliaire *avoir*... quand même ! s'excusa presque le malheureux.

— Ta, ta, ta ! gourmanda l'autre tout en s'essuyant le visage avec son bonnet bleu. Plus de règles, on te dit. La langue est libre maintenant !

— Ben... et si j'ai envie d'accorder mes participes passés, j'ai pas le droit ?

— Non, t'as pas le droit. *Libre,* on te dit ! T'es bouché ou quoi ?

Un de ses comparses se tenait debout sur le canon. Levant son verre, il commença à déclamer :

— Sur les pluriels en *x*, sur les conjonctions de coordination, Liberté, j'écris ton nom !...

— Avec des fotes d'ortografe ! ajouta en braillant un de ses compagnons.

Je me détournai, édifié. Quel que soit le pouvoir en place, c'était toujours la même chose. Je regagnai l'autel en traînant les pieds. Passant devant le confessionnal, je songeais à toutes les fautes de syntaxe, à toutes les liaisons dangereuses qui y avaient été confessées : « L'autre soir, j'ai dit à ma femme : "Ils sont pas bons tes z'haricots." » Et le prêtre de répondre : « Vous me ferez deux *Je vous salue* à tous les temps et tous les modes. »

Ce monde-là était-il vraiment derrière nous ? J'observai les membres du Conseil du roi, ils n'avaient pas fière allure. En particulier, mon ex-futur beau-père.

Par contre le comte de la Langue de Bois et le duc de l'Impératif ne semblaient guère affectés.

— J'imagine que le technicien en sonneries homologuées a quitté son poste ? demanda soudain le premier à la cantonade.

Tous le regardèrent avec étonnement, les courtisans comme les réformés. Pourquoi se soucier du sonneur de cloches quand on s'apprête à passer la nuit en prison ?

— Ka-tu dit ? demanda Zoltan.

— Je demandais juste si le technicien en sonneries homologuées avait quitté son poste...

Zoltan se planta devant le comte avec un œil interrogateur. L'autre se contenta d'afficher un léger sourire. Vu la violence de l'attaque à laquelle nous venions de faire face, nous nous attendions tous à voir le chef des réformés lui planter son sabre au travers du corps.

— Que oui, croyez-moi, intervint le duc de l'Impératif sur le ton de la conversation.

— Kè ce que ça peu fère ? s'exclama Zoltan d'une voix que je trouvai étrangement retenue.

— J'ai une problématique à solutionner. Si le technicien en question assure son service, les douze coups de midi n'ayant pas encore sonné, j'en déduis qu'il n'est donc pas encore midi, expliqua la Langue de Bois.

— Sachez que si, au contraire, il a déserté son poste, midi peut être déjà passé, compléta le duc de l'Impératif.

— Toa, tu te tè ! hurla Zoltan en giflant le duc.

Il y eut un silence. Seules les moustaches de l'Impératif bronchèrent sous le coup, balayant ses joues avant de reprendre leur position de chaque côté de sa bouche. Le reste de son visage resta impassible. Simplement, son petit sourire goguenard s'effaça pour laisser place à un air de défi. Je commençais à penser (et sans doute n'étais-je pas le seul) que ces deux-là venaient de perdre la raison. Zoltan s'avança vers le comte. Il n'était pas menaçant, simplement il cherchait à comprendre. Au ton de sa voix, à son attitude, on devinait qu'il commençait à se douter de quelque chose.

— Et ke se passera-t-il à midi ?

En guise de réponse, les cloches commencèrent à sonner alors même que les premiers coups de feu retentissaient. Dehors, des clameurs retentirent. Les mousquets crépitèrent et la fumée sur la place de la cathédrale s'épaissit à nouveau. Par la porte détruite, on ne voyait qu'un nuage blanc dans lequel passaient des ombres qui, comme des fantômes, s'évanouissaient aussitôt.

Les dragons, ils étaient revenus ! Ils surgissaient de toutes parts, par les vitraux, les portes et même les escaliers qui venaient de la crypte de l'église. Déjà tout à leur victoire, les réformés se laissaient surprendre, le verre à la main plutôt que le sabre.

— Trètrise ! Tué le roi, repoussé lè ! La Réforme, à moi ! s'époumonait en vain le chef des insurgés.

Un des hommes de Zoltan leva le canon de son arme sur la tempe royale. Il n'eut pas le temps de faire feu qu'une balle lui traversait l'épaule. Il lâcha son arme et s'effondra en plaquant sa main sur sa blessure. Son bonnet en forme de R roula sur le sol avant d'être piétiné par les bottes des dragons arrivant à la rescousse de Sa Majesté.

On se jetait les uns sur les autres. On courait dans tous les sens en poussant des cris. Le sang coulait dans Notre-Dame de Senonces.

— Mes enfants, supplia le prêtre sans que personne y prenne garde, vous êtes dans la maison de la Langue !

— La fin justifie les moyens et la terminaison justifie l'accord ! tonna un des aristocrates en se jetant dans la mêlée.

Au crépitement des mousquets venait de succéder le cliquetis des épées. Zoltan et Kristof faisaient front. Côte à côte, ils ferraillaient contre une demi-douzaine de soldats. Le chef des réformés poussait des cris de bête sauvage et lâchait un râle de satisfaction à chaque fois qu'un de ses adversaires tombait à terre.

— Ils sont avec eux, lança le comte de la Langue de Bois en nous indiquant du doigt, mon père et moi.

Aussitôt, plusieurs dragons s'approchèrent. Leurs lames faisaient un cercle autour de nous.

— Triple buse ! vociféra mon père. J'ai retourné mon paletot un chouille trop tôt.

— Êtes-vous déçu, Riton des Jurons ? se réjouissait un loyaliste. Le bon usage de la Langue triomphe toujours ! Vous paierez pour votre traîtrise !

— Oh ! ça va ! Vous tous, vous vous seriez retournés aussi vite qu'un M pour devenir un W quand il se serait agi de sauver vos miches !

Un des soldats s'avança vers nous, sa face était noire comme s'il sortait d'une cheminée. Il portait une estafilade de sang au travers de son plastron.

— Je te coupe les oreilles, ou tu te rends ?

Manquait plus que ça ! José me fixait avec l'intensité d'une nuit sans lune.

— À quoi bon ? Je n'ai même pas retiré la mouche depuis notre dernière rencontre, dis-je en haussant les épaules avec un petit sourire désolé.

Je lui jetai mon baudrier. Croulant sous le nombre des assaillants, Kristof venait de poser genou à terre alors que plusieurs épées étaient pointées sur sa poitrine. Olympe cherchait à le secourir. Elle s'attaqua aux dragons en les frappant avec son escarpin... puis en les griffant quand elle perdit son arme de fortune... puis en y allant à coups de dent quand on finit par l'immobiliser. Enfin, elle se retrouva au côté de son amant sous la menace des armes. À travers ses cheveux ébouriffés, son regard plein de haine continuait de frapper autour d'elle. On aurait dit un animal acculé, prêt à vendre chèrement ses derniers souffles de liberté. Elle commença à chanter en vociférant :

— *C'est le point final, levons-nous et demain...*

Elle fut interrompue aussitôt. Le duc, son père, venait de se lever pour lui infliger une gifle retentissante. Elle tomba à genoux et se mit à pleurer.

— Je désirais que tu devinsses une digne héritière de notre prestigieuse lignée. Quelle déception !

Dans un râle puissant Zoltan rappela l'attention sur lui. Il venait de briser la ligne des dragons pour se précipiter au-dehors. Il allait s'évanouir dans le brouillard qui avait envahi le parvis, quand une détonation retentit. Il s'effondra dans les décombres de la porte démolie au canon. Le comte de la Langue de Bois avait un pistolet à la main. Une ligne de fumée s'élevait du canon de son arme.

Je me précipitai. José n'osa pas me retenir bien que je fusse officiellement prisonnier. Je retournai le corps du chef des insurgés qui gisait face contre terre. Sa barbe était sale, une poussière blanche et du sang se mêlaient à ses poils. Il marmonnait avec de grands yeux étonnés.

— Zénon, tu avè réson... Zénon, mon frère... la ruse pluto que la forse... la ruse pluto que...

Plus un son ne franchit ses lèvres. Son regard s'éteignit. Il était mort. Déjà la main de mon ancien maître d'armes se posait sur mon épaule. La justice du roi en avait fini avec Zoltan, pas encore avec moi.

– AZ –

Voilà comment se déroula la révolution la plus courte de l'Histoire. En une matinée, le roi Alexandre I avait perdu le pouvoir avant de le retrouver. En une matinée, les insurgés avaient instauré une ère nouvelle qui s'était refermée aussitôt. En une matinée, les dragons avaient repris le contrôle de Senonces et mis un terme aux espoirs des réformés. Tout ça ne dura que quelques heures, le temps d'un chapitre.

U

Où les cartes du pouvoir sont redistribuées

Il existe de nombreux tableaux de la prise de la cathédrale de Senonces. On y voit les dragons mettre la pâtée aux réformés pour la plus grande gloire du Français.

Mais la scène qui suivit, personne ne l'immortalisa jamais. Et pour cause, tout le monde préfère l'oublier ! Moi, j'étais aux premières loges. Comme au théâtre, je pus voir les comédiens tenir leur rôle et chacun dire sa tirade avec conviction... De cette représentation allait découler le destin du royaume.

Nous étions toujours dans la cathédrale ravagée. Un brancard transportait le corps du baron de l'Onomatopée chez lui, un autre celui de Zoltan à la fosse commune. La poudre nous piquait le nez. La plupart des bancs étaient renversés. Chacun était encore sous le coup de l'émotion. L'armée avait repris le contrôle des remparts sans difficulté.

Toute cette opération était certainement mûrement préparée. Les quartiers, les uns après les autres, repassaient du côté du roi. La victoire était totale. Pourtant, on ne lisait la satisfaction qu'entre les moustaches de l'Impératif, il rayonnait.

Rapidement, un aide de camp s'installa sur une table de fortune près de lui. Il retranscrivait les ordres en faisant courir sa plume sur le papier. Une fois la volonté du duc écrite, le secrétaire tamponnait le sceau dans la cire. Les armoiries de l'Impératif surmontées d'une couronne, signe qu'il était membre du Conseil du roi... un sceau proche de celui qui agrémentait l'ordre de me faire arrêter quelques jours plus tôt.

Le duc s'avança vers Kristof, sa cape majestueuse flottant mollement derrière lui :

— Tremble ! Ton chef avait raison sur un point, les exécutions publiques ont du bon. Montrons au peuple que nous sommes sans pitié avec nos opposants. Remplace Zoltan au bout de la corde !

L'aide de camp finit de recopier les paroles du duc. D'un geste sec il apposa le sceau sur la condamnation à mort. Tchac !

Je dois avouer qu'après une telle annonce j'aurais sans doute accusé le coup. Mais Kristof ne flancha pas.

Le duc se tourna ensuite vers les deux hommes qui avaient gardé le roi sous la menace de leurs pistolets durant une bonne partie de la matinée.

— Vous deux, regrettez votre crime avant que la corde ne vous étrangle. La mort !

Le secrétaire, imperturbable, noircissait déjà une nouvelle feuille. Une goutte de cire, le sceau. Tchac !

— Ils n'ont pas droit à un procès ? m'étonnai-je. C'est au chef des dragons de rendre justice maintenant ?

Ce n'était qu'un murmure. Mais le duc m'entendit et me foudroya aussitôt du regard :

— Raison d'État, lâcha-t-il simplement avant de s'adresser à mon père. Quant à vous, chevalier, suppliez-moi, faites-moi ce plaisir. Retournez à nouveau votre veste, changez encore de camp ! Quelle honte ! Riche certainement, mais sans grandeur. Baissez les yeux ! Les galères pour vous et votre fils.

Mon père marmonna une litanie de jurons à mes côtés. Il n'osa pas redresser son visage vers ce duc qui lui faisait grâce de la vie pour lui prendre sa liberté. L'aide de camp acheva de retranscrire le jugement. Tchac !

C'était au tour d'Olympe de passer devant ce tribunal d'exception dont le duc était à la fois l'avocat, le procureur et le juge.

Alexandre I ne cessait d'ouvrir et de fermer la bouche comme s'il mâchait des fraises imaginaires. Il semblait les sucrer drôlement. Pendant que l'Impératif distribuait les condamnations, la mère supérieure n'avait cessé de parler à l'oreille du roi. Le monarque finit par se lever de son fauteuil en faisant de drôles de bruits de bouche.

— Monsieur, nous aimerions de vous beaucoup avoir
Quelques explications sur toute cette histoire.

Le duc de l'Impératif se détourna, comme à regret, de sa proie. Il fit claquer ses talons l'un contre l'autre et porta sa main gantée à sa tempe dans un salut militaire.

— Sire, écoutez. Nous connaissions le projet des réformés de passer aujourd'hui à l'attaque. Nous nous sommes dit :

Arrêtons des dispositions ! Prenons-les au piège en donnant l'impression d'ignorer tout de leur plan. Faisons croire que nos dragons quittent Senonces pour le Sud, afin d'endormir leur méfiance. En réalité, nos hommes se cachaient, prêts à intervenir pour mettre fin aux agissements des rebelles.

Une fois sa tirade finie, il resta au garde-à-vous. Déjà, la mère supérieure s'adressait au roi à voix basse. Celui-ci dut se pencher pour prêter l'oreille. Le spectacle avait quelque chose d'étonnant : ce grand monarque, un des hommes les plus respectés et les plus craints, se pliant en deux pour écouter cette grosse bonne femme à la robe noire et au visage fermé. Cela en disait long sur le pouvoir de l'ordre de la Prétérition. Chacun se tut et attendit. Une fois que sa conseillère eut terminé, le roi reprit :

— Nous nous étonnons beaucoup. Que de risques pris !

Duc, la sécurité n'était pas garantie.

Le comte de la Langue de Bois fit alors son entrée en scène. Il fit l'économie du salut qu'exige le protocole quand on s'adresse à Sa Majesté :

— Nous avions optimisé nos potentialités de succès. Votre sécurité est notre première priorité, notre souci numéro un.

Alexandre I prit une grande inspiration, jeta un regard derrière lui vers la mère supérieure comme s'il attendait des instructions de sa part. Celle-ci resta impassible, seul un reflet d'argent dans ses yeux étincela peut-être plus encore qu'à l'habitude.

— Vous auriez pu informer Sa Majesté, tout de même ! osai-je dire.

Après tout, j'étais bon pour les galères, je n'avais pas grand-chose à perdre en intervenant dans la conversation.

— Taisez-vous, ordonna l'Impératif.

— L'obligation de résultat était notre objectif, précisa le comte en me lançant un regard dédaigneux avant de pointer Olympe du doigt. Nous ne savions en qui avoir confiance alors que la fille même d'un membre du Conseil pactisait avec l'ennemi. L'opération, pour réussir, devait rester secrète.

Il toisa la mère supérieure de la Prétérition, très satisfait de son argument.

La duchesse de l'Imparfait du Subjonctif était jusqu'à présent restée silencieuse. Elle s'anima soudain pour se presser auprès d'Alexandre I en le suppliant :

— Sire, sire, ce n'est qu'une enfant, elle a été endoctrinée par ces malfaisants personnages ! et elle pointa un doigt accusateur vers Kristof et moi. Olympe ne savait pas ce qu'elle faisait... elle ira au couvent, elle ne quittera plus notre domaine, elle... elle...

Elle me faisait porter le chapeau. Moi, j'aurais endoctriné Olympe ? Elle est bien bonne ! Je ne cherchai même pas à m'en défendre. Je me contentai de soupirer avec un air navré. La Langue de Bois reprit la parole :

— C'est fâcheux que la fille d'un personnage de haut rang ait ainsi pactisé avec les ennemis de notre Langue. Il ne faudrait pas que les personnes de condition modeste en viennent à douter des catégories aristocratiques supérieures. Pour restaurer la confiance, je suis prêt à me sacrifier en épousant Olympe.

Nous restâmes tous silencieux devant une proposition aussi

inattendue. Le visage de Kristof s'enflamma de colère mais il ne prononça pas un mot. Olympe, hébétée, sembla ne pas bien comprendre ce qui venait d'être dit. Son père et sa mère se regardaient l'un l'autre sans trop y croire. Ils imaginaient déjà leur fille pendue en place de grève et voilà que le comte se proposait de la sauver.

La mère supérieure posa ses yeux acérés sur le comte, mais celui-ci ne se démonta pas et continua :

— Entendez-moi bien, les personnes de la cour en ce moment même quittent les centres de rétention où nos ennemis avaient commencé à les transférer. Dans la conjoncture actuelle, je juge approprié d'offrir aux courtisans une grande cérémonie pour fêter la victoire. Un mariage : celui d'Olympe avec moi.

La mère supérieure se précipita à l'oreille royale et commença une longue messe basse. Parfois Alexandre I approuvait du chef, parfois il murmurait à son tour quelques mots, souvent il fronçait les sourcils comme si la vieille femme allait trop vite pour lui.

— Bien sûr, nous sommes d'accord, intervint la duchesse avant que son mari ne pût dire quoi que ce fût. Cela fera un très beau mariage. Aujourd'hui même, parfait... puisque tout est prêt. Nous sommes tous très heureux de cette union, n'est-ce pas Olympe ?

La pauvresse se recroquevilla dans les lambeaux de sa robe de mariée. Le comte lui adressa un sourire de délectation comme s'il venait de croquer dans un fruit particulièrement savoureux. Il passa sa langue sur ses dents pour en lécher les derniers arômes. En réalité, Olympe n'était pour lui qu'un hors-d'œuvre, déjà il attaquait le plat de résistance. Sans doute que je fus le seul, avec la mère supérieure, à comprendre que pour le comte le véritable enjeu de la journée se décidait maintenant.

— Ce n'est pas tout, sire. Certes, l'heure est aux festivités, mais il ne faudrait pas en oublier pour autant que nous venons d'échapper à un grand danger. Voyez ce qui se passe quand on ne surveille pas la Langue. Dès le prochain Conseil, nous validerons ma loi d'*interdiction positive*, et nous créerons de toute urgence une police de la Langue.

Les sourcils grisonnants de la mère supérieure s'arquèrent comme deux chats prêts à bondir sur une souris.

— Inutile de préciser qui dirigerait cette police de la Langue ! Vous, bien entendu ! explosa-t-elle. De quel droit décidez-vous maintenant à la place de Sa Majesté ?

Pour la première fois, nous entendions le son de sa voix. Cela surprit tout le monde, y compris le comte.

— Je suis un homme d'engagement, et mon engagement, c'est le Français. Je l'ai prouvé aujourd'hui en sauvant le Royaume de la catastrophe. Vous qui avez l'oreille de Sa Majesté, qu'avez-vous fait pour empêcher les réformés de sévir ?... Je serai le chef de la police.

— Vous voulez faire de ce mariage votre sacre, continua la mère supérieure d'une voix tranchante. Inutile de préciser qu'en dirigeant la police de la Langue, vous devenez la personne la plus puissante après le roi. Une loi, un titre, une épouse, rien ne vous arrête ! Je ne saurai...

— Sire, s'entêta le comte en haussant le ton, l'affaire est entendue ? Le Royaume du Français est enfin un État moderne, plus besoin de vieille harpie à tirer les ficelles dans l'ombre.

La mère supérieure de la Prétérition s'étrangla de fureur. Elle se tourna vers le roi, cherchant un appui. Celui-ci semblait lassé de tant de palabres. Il avait complètement perdu pied, dépassé par l'offensive du comte et du duc. Pour mettre fin au conflit, il déclara :

— Au prochain Conseil, je promulgue votre loi
D'interdiction machin-chose ou je ne sais quoi
J'annonce la création d'une police
Dont vous serez le chef, pour notre bénéfice.

Le comte afficha un sourire aussi large qu'une locution adverbiale.

— Annoncez dans tout Senonces la défaite des insurgés, ordonna le duc de l'Impératif à ses hommes. Faites libérer les courtisans de la Bastille. Annoncez que pour fêter notre victoire aura lieu ce soir une grande cérémonie à Notre-Dame de Senonces qui verra l'union du comte de la Langue de Bois avec Olympe de l'Imparfait du Subjonctif. Jetez ces traîtres en cellule, conclut-il en indiquant vaguement notre direction comme si nous n'avions plus la moindre importance à ses yeux... et remettez-moi la cathédrale en ordre !

– AZ –

La scène s'achevait. Kristof serait exécuté, mon père et moi étions condamnés aux galères, Olympe allait bien se marier mais avec un autre, les Imparfait du Subjonctif étaient sauvés du déshonneur, le duc de l'Impératif était le héros du jour, la mère supérieure avait perdu son emprise sur le roi et le comte de la Langue de Bois était le grand gagnant de tout cela. Quelle pièce magnifique ! Quels acteurs exceptionnels !

Pourtant il ne fallut pas longtemps pour que tout le monde oublie cette représentation. Je vais y venir. En attendant : rideau.

Où je retourne à la Bastille
pour y comprendre le fin mot de cette affaire

Ainsi, le jour de mes noces, je me retrouvai à traverser Senonces, debout dans une charrette, les mains liées dans le dos, convoyé vers la Bastille. À ma droite, mon père soufflait comme une vache à laquelle on demanderait de danser le menuet ; à ma gauche, un parfum de révolution flottait encore dans l'abondante chevelure de Kristof. Un mélange de poudre à canon et de fumée. Je ne voyais qu'une consolation à ma triste situation : j'avais finalement échappé au mariage. C'était déjà ça.

La ville ressemblait à un champ de bataille et des débris de toutes sortes jonchaient le sol : le verre des fenêtres brisé, le bois des barricades, les corps de ceux qui avaient perdu la vie. On entassait les dépouilles au coin des rues avant de les charrier vers les cimetières. Réformés ou dragons, ils se retrouvaient ensemble amassés dans l'attente d'être mis en terre.

Parmi eux s'étaient glissés sans doute quelques innocents qui n'avaient rien demandé à personne, qui se fichaient bien de mettre un ou deux *c* à *macchabée,* et qui pourtant avaient pris un mauvais coup ou une balle perdue. On sanctionne dans une dictée autant les fautes d'ignorance que celles d'étourderie. Il en va de même à la guerre : on tue aussi bien les combattants que les civils qui ont le malheur de se trouver dans les parages.

Il fallut arrêter à plusieurs reprises notre convoi pour libérer le passage. La populace venait voir la trombine des perdants. Les troupes du roi avaient repris le contrôle de la situation, et plus d'un ne se privait pas de nous conspuer pour bien montrer qu'ils étaient des loyalistes… et qu'ils l'avaient toujours été, bien sûr. Mon père s'effondra en sanglotant et je dus le retenir pour éviter qu'il ne s'écroulât sur le plancher de la charrette. Ce n'est pas tant la perspective des galères royales qui l'affligeait ainsi (on pouvait d'ailleurs se demander comment il pourrait glisser son imposant embonpoint entre le banc et la rame qu'il aurait à activer), c'est qu'il venait de comprendre que tous ces « [redacted] ! » « [redacted] ! » et autres « [redacted] ! » qu'on nous crachait au visage ne lui rapportaient à présent plus un sou. Il n'était plus rien.

— Mais c'est notre gentilhomme ! s'exclama une voix dans la foule.

Les trois lavandières dodues, les cheveux en bataille, se pressèrent vers nous.

— C'est pas juste, on jette en taule de braves garçons pendant que les coupables se remplissent la panse et se poudrent le nez avec nos sous !

— Tes braves garçons, y voulaient tuer notre bon roi : la corde pour eux !

— Ma poulette, moi je dis : Vive la Réforme !

— Pauvre dinde, va ! Vive le roi !

La troisième lavandière essaya de s'interposer pour calmer ses consœurs, mais déjà la foule commençait à prendre parti. Certains soutenaient les rebelles et scandaient : « À bas les profiteurs ! À bas les ennemis du peuple ! À bas les traitres ! » en levant le poing pour dire qu'ils refusaient le circonflexe à tous ces nobles qu'ils estimaient responsables de leurs malheurs. Les autres étaient pour le roi et s'époumonaient : « Mort aux réformés ! Mort aux ennemis de la couronne ! Mort aux traîtres ! » en formant avec leur main un chapeau chinois au-dessus de leur tête pour bien préciser que, eux, mettaient le circonflexe là où il fallait.

Les deux lavandières se volaient dans les plumes et la troisième était impuissante à les calmer. Un brusque mouvement de foule s'écrasa contre notre charrette et nous manquâmes tous de finir par-dessus bord. Les esprits s'échauffaient. Les dragons avaient beau hurler de nous laisser passer, personne ne les écoutait plus. Quelques coups de poing volèrent, la masse des gens attroupés ondulait de plus en plus violemment, comme une houle annonciatrice de tempête. Un des soldats reçut une pierre. Son bonnet tomba, du sang coulait le long de sa tempe. Voyant son voisin touché, un des dragons tira un coup de son mousquet en l'air.

Une grande clameur s'ensuivit, mélangeant les jurons, les cris, les piaffements des bêtes et les gloussements indignés des lavandières. La foule se retira comme la mer à marée basse. En quelques secondes, la rue s'était vidée.

À présent les dragons avançaient avec le chien de leur fusil armé. On calma les chevaux et le convoi se remit en marche. Pas pour longtemps, déjà nous devions laisser passer un cortège de courtisans. Ils sortaient des geôles comme d'un mauvais rêve et retournaient à Notre-Dame avec les vêtements déchirés et la perruque de travers. Certains nous lançaient des regards franchement hostiles.

— Honte ! Les Jurons, honte sur eux ! s'exclama l'un d'entre eux en nous voyant.

Il s'agissait de M. de l'Exclamation, cet aristocrate qui s'en était déjà pris à moi lors du bal chez les Imparfait du Subjonctif.

— Quelle indignité ! Vous ne méritez même pas votre titre de chevalier, continua-t-il. Les galères ! La corde ! L'écartèlement !

— Vous êtes agaçant en balançant vos exclamations contre ce garçon et son père ! Vous ne pouvez même pas dire qu'ils vous ont déçu, vous ne les avez jamais aimés, en aucune façon !

C'était le vicomte de la Cédille qui prenait ainsi notre défense. Les mauvais traitements avaient eu raison du maintien de sa perruque. Comme le matin où je fis sa connaissance, elle lui tombait de chaque côté du visage pour lui faire d'énormes oreilles de cocker.

— Ah ! vous les défendez ? M'étonne pas ! Vous auriez trahi la Couronne pour sauver votre peau. Débauché ! Libertin ! Traître !

— Vous auriez préféré jouer à la balançoire au bout d'une corde que de renoncer au deux *n* de *maçonnerie* ? Quelle leçon ! ironisa le vicomte.

— Bien sûr ! La mort plutôt que le déshonneur !

Beaucoup de courtisans prirent fait et cause pour l'Exclamation, jurant que jamais ils n'auraient abjuré la grammaire française. D'autres, moins nombreux, témoignèrent une certaine clémence à notre égard. Les mêmes s'inquiétaient bien plus des pouvoirs que le comte de la Langue de Bois accumulait à présent entre ses mains que de savoir quel châtiment mon père et moi méritions.

— Ce filou félon a trouvé le filon pour prendre dans ses filets tous les pouvoirs, dénonça le baronnet de l'Allitération.

— Le pire, c'est le mariage avec Olympe de l'Imparfait du Subjonctif, le pire c'est la loi d'*interdiction positive*, le pire c'est la police de la Langue ! scanda le baron de l'Anaphore.

— Peuh ! rugit M. de l'Exclamation. La critique est facile ! Le comte a sauvé le royaume et nos têtes. Sans lui, c'était le décès !

— La mort !

— Le décès !

Comme pour la populace, la noblesse ne semblait pas unanime sur ce qu'il convenait de penser des événements de la journée. Ni sur la nature des mots à employer désormais que la Langue de Bois était le nouvel homme fort du régime.

Après tout, ces gens étaient des courtisans. Ils étaient dans leur rôle en se rangeant du côté du plus fort. Si, pour garder leurs privilèges, il leur fallait dire : *personne à mobilité réduite* plutôt que *cul-de-jatte*, *dommages collatéraux* plutôt que *massacre*, *habitation à loyer modéré* plutôt que *taudis*, ils étaient prêts à le faire. Notre charrette continua finalement son chemin, laissant derrière nous l'Exclamation et la Cédille qui se lançaient à tour de rôle des invectives. Mais déjà des dragons s'avançaient pour leur demander de presser le pas : ces messieurs-dames étaient attendus à la cathédrale… et plus vite que ça.

La Bastille nous apparut, aussi sinistre et imposante que lors de ma première visite. On nous enferma tous trois dans la même cellule. Kristof se laissa glisser sur le sol et resta adossé au mur à maudire la malchance qui l'accablait. La révolution avait été si près de se faire… elle n'avait duré qu'une matinée. Des années de sacrifices et de vie clandestine à croire qu'un nouveau monde serait possible, pour finalement tout perdre : son chef, son avenir et jusqu'à la femme qu'il aimait.

Mon père ouvrit les boutons de son gilet, et s'affala sur notre paillasse : un pachyderme marin échoué sur une plage. Jusqu'à ce matin, il avait cru la partie gagnée. Sa famille allait se lier avec les prestigieux Imparfait du Subjonctif, c'en était fini de la piteuse image de marque de sa dynastie. Son fils, ses petits-fils, ses arrière-petits-fils ne connaîtraient plus la honte d'être des Jurons. Raté.

Moi, je restais debout. Une petite lucarne perçait le fond de notre cellule. Elle était si étroite qu'un *o* et un *e*, même en se collant, n'auraient pu y passer.

Malgré ça, elle était garnie de deux barres de métal. On pouvait y voir les deux hauts clochers de Notre-Dame qui surnageaient sur un océan de toits d'où s'élevaient çà et là quelques fumerolles, témoignages des récents combats. Là-bas, dans quelques heures, les marquises et les vicomtes reprendraient place sur les bancs de la cathédrale comme si rien ne s'était passé, et assisteraient aux épousailles du puissant comte de la Langue de Bois et de la belle Olympe.

J'aurais pu m'apitoyer sur mon sort mais quelque chose me tarabustait. Je ne cessais de retourner dans ma tête la succession des derniers événements. Les pièces du puzzle s'emboîtaient de mieux en mieux.

Une pièce manquait encore. Zoltan... Ses derniers mots : *Zénon a raison, la ruse plutôt que la force...* Zénon ?

Une vague idée me traversa l'esprit. Si on compare cette idée à une phrase, sans doute se serait-il agi simplement d'un verbe à l'infinitif, le reste des éléments grammaticaux restant dans le flou.

— Kristof, Zénon est-il l'homme à la cape qui nous a vus à l'église Sainte-Apostrophe ? demandai-je brusquement à mon compagnon de cellule. Tu t'en souviens, tu m'avais dit qu'il était dangereux.

— Zénon et Zoltan étaient les fondateurs de la Réforme. Zoltan considérait Zénon comme son frère. Ils avaient en horreur la monarchie et voulaient tous les deux faire tomber le roi. Zoltan était pour la force, il voulait lever une armée, attaquer la ville, tuer les nobles et prendre le pouvoir. Il a bien failli y parvenir. Et Zénon était pour la ruse. C'est lui qui a eu l'idée de profiter du mariage pour passer à l'attaque. Lui et Zoltan m'ont demandé de convaincre Olympe de jouer cette comédie. Elle ne voulait pas en entendre parler au début. Finalement, dans la chapelle sur le lac, je suis parvenu à la faire changer d'avis.

Il hocha la tête en soupirant. Ma vague idée se précisait. Je voyais, à la lumière des révélations de Kristof, ma phrase s'éclairer peu à peu. J'avais un verbe, je venais d'obtenir un complément d'objet direct.

— Le jour où nous l'avons croisé, continua Kristof, il venait prévenir Zoltan que les dragons partaient dans le sud du royaume et...

— ... Et que la prise de Senonces serait un jeu d'enfant, dis-je en lui coupant la parole.

Je voyais mon sujet se dessiner et il me fallait quelques précisions.

— Je n'ai jamais vu son visage. Zoltan m'a simplement dit qu'il pouvait obtenir beaucoup d'informations précieuses là où il était. Il venait régulièrement le rencontrer pour lui dire ce qui se passait au château du roi. Il portait un masque. Pour le reconnaître, il nous montrait un tatouage qu'il porte ici, à la base du crâne.

— Le même que celui de Zoltan, un Z majuscule ? Je l'ai vu tout à l'heure à la cathédrale. À la base du crâne ?

— Il nous a trahis, c'est la seule personne qui a pu prévenir les dragons du jour et du lieu de notre attaque...

Je me mordis les lèvres d'excitation. J'avais mon sujet. Ma phrase était complète, je commençai même à en écrire tout un paragraphe. Je frappais des mains avec nervosité... je souriais, admiratif, devant l'audace de Zénon, devant sa ruse, devant la complexité du plan... j'étais content de moi pour tout dire. Eh oui, comme un grand, tout seul, alors que personne n'avait fait ces rapprochements, j'avais relié tous les indices. J'avais trouvé.

Mon sourire s'effaça. Qu'est-ce que je faisais ? Je me réjouissais d'avoir résolu une énigme comme s'il s'agissait d'un jeu ? J'étais en prison ! J'allais finir par ramer dans les galères royales pour le restant de mes jours. Et l'autre dehors allait s'en tirer sans encombre.

Je m'étais bien amusé à décrypter les codes de Kristof et à découvrir la cachette des réformés ! Au final, pour quoi faire ? Proposer aux deux tourtereaux de s'enfuir pendant que moi je restais là bien sagement à ne rien changer à mes habitudes. Surtout ne rien faire. Ne pas prendre parti. Pauvre imbécile ! On ne peut continuer à faire comme si le soleil brille alors que la nuit tombe. Olympe avait raison, j'étais un tiède.

Je n'avais pas beaucoup de sympathie pour elle. Cette pimbêche m'avait snobé, insulté, manipulé. Pourtant, je ne parvenais pas à lui en vouloir complètement. Aucun ne l'avait considérée comme une vraie personne depuis le début de cette histoire. Que ce soit son père, le mien, le comte, et même son bel amour de réformé, tous avaient cherché à l'utiliser, à la vendre ou à l'acheter.

Elle n'avait pas totalement tort de se rebeller.

— Tu vas arrêter de tourner en rond, marmonna mon père sans bouger de sa paillasse. Tu me fatigues.

J'obéis et posai mes fesses sur le bout de banc qui n'était pas occupé par sa grosse carcasse.

Une heure passa, puis enfin des bruits de clef, des grincements de portes et des pas retentirent. Kristof se leva, blanc comme un linge. On venait déjà le chercher pour la potence ? Il voyait sa dernière heure arrivée. Mais à la porte de notre geôle, la bouche en forme de cœur de Malva des Trois Petits Points apparut entre les barreaux. Le bas de sa robe déchiré et les traces noires autour de ses yeux indiquaient qu'elle avait été, elle aussi, malmenée par les réformés. Derrière elle se tenait José. Il portait mon baudrier à l'épaule et son visage était aussi fermé que la plus sombre des geôles de la Bastille.

— Robinson, je suis heureuse de voir que tu vas bien, susurra Malva en fermant sa main gantée sur un des barreaux qui nous séparaient.

Je lui adressai le plus beau sourire dont j'étais capable en de telles circonstances. Elle regarda par-dessus mon épaule et ne put retenir un petit mouvement de recul, quasi imperceptible.

— Malva ! s'exclama mon père en se redressant.

Cette fois elle recula pour de bon. Le chevalier avait toujours le même visage défait mais s'y était ajoutée l'expression de l'étonnement le plus complet. Il restait la bouche ouverte sans rien dire, complètement hébété. Comme si d'un coup les consonnes étaient devenues des voyelles et vice-versa.

— Ferme ta bouche, des mouches vont se poser dedans, lança la marquise d'une petite voix tranchante.

Il y avait du changement dans l'air... Déjà, elle finissait ses phrases. Ensuite, elle avait ce ton qui ne supportait pas la réplique. Mon père obéit aussitôt et resta sur ses fesses sans oser bouger.

Elle hocha la tête gravement sans me quitter des yeux. Elle ouvrit son éventail d'un geste machinal. Il avait été abîmé, une partie en était toute tordue. Elle le remarqua comme moi et d'un haussement d'épaules le referma.

— Je suis autorisée à te libérer.

— Autorisée ? Mais par qui ? demandai-je spontanément au lieu de me réjouir.

— Par la mère supérieure de la Prétérition.

Elle retira un de ses gants et se pencha sur la serrure de notre cellule. Elle ferma les yeux en se concentrant, pour l'ouvrir une seconde plus tard avec autant de force qu'un canon de mousquet au moment de faire feu.

— *Merdre !* lâcha-t-elle entre ses dents.

Sa voix avait une sonorité très étrange que je n'avais jamais entendue chez personne. Un cliquetis. Il ne lui avait fallu que quelques secondes pour parvenir à bout du mécanisme. Je restai éberlué par sa performance. Comment une marquise pouvait-elle savoir crocheter une serrure ? Mon père s'approcha de la porte et la tira doucement vers lui. Dans un grincement, elle s'entrebâilla. Il remercia Malva d'une petite voix. On l'aurait dit plus sensible encore au juron prononcé – *merdre,* un de ses préférés – qu'au fait qu'elle venait nous libérer.

— À présent, suivez-moi.

La marquise remonta le corridor, mon père, Kristof et moi-même à sa suite. José fermait la marche.

Je savais que l'étonnante courtisane avait ses entrées à la Bastille, mais je ne pensais pas qu'elle connaissait le bâtiment aussi bien que moi le présent de l'indicatif : *je m'échappe, tu t'échappes*... Elle nous guidait à travers les couloirs, *il s'échappe*... Évitait tous les postes de garde, *nous nous échappons*... Nous fit profiter d'un passage dérobé, *vous vous échappez*... En moins de temps qu'il en faut pour conjuguer un verbe du premier groupe, nous étions dehors : *ils s'échappent !*

À présent hors de la Bastille, nous nous réfugiâmes dans le renfoncement d'une porte cochère. De là nous pouvions voir l'entrée trapue de la prison royale. Quatre dragons y montaient la garde, persuadés que leurs précieux prisonniers étaient encore à l'intérieur.

Kristof remercia Malva.

— Je suis venue libérer Robinson et son père. Pour ma part, je vous aurais bien laissé croupir en prison en attendant votre... pendaison.

Le jeune homme nous décocha à tous les quatre un regard en biais, avant de s'élancer et de disparaître au coin de la rue pour ne plus reparaître dans cette histoire... Si seulement je n'avais jamais plus eu affaire à lui ! Malheureusement, il me causerait par la suite encore bien des problèmes. Comme si me mettre dans les pires situations était sa raison de vivre. À cette heure, cependant, son seul souci était de sauver sa tête. Je ne sais même pas s'il eut la moindre pensée pour Olympe qui allait bientôt épouser, contre son gré, le comte de la Langue de Bois.

— Viens, Robinson, souffla mon père que notre course à travers les couloirs de la prison avait épuisé. Retournons au domaine. Nous resterons enfermés là-bas, dix ans s'il le faut. On finira bien par nous oublier.

— Vas-y si tu veux, je ne m'évade pas pour m'enfermer à nouveau. Je vais à la cathédrale.

Il se frappa la tempe avec le doigt pour me faire comprendre ce qu'il pensait de ma brillante idée.

— Robinson, ce n'est pas possible, protesta Malva. Si les dragons mettent la main sur toi, je ne pourrai pas te sauver une nouvelle fois... je cours un gros risque en t'aidant. Ton père a raison, rentre chez toi.

— Sûrement pas ! Il faut que quelqu'un l'arrête.

— Arrêter qui ? [redacted] de [redacted] de [redacted] ! Ça c'est une [redacted] de mauvaise idée qui s'annonce !

La marquise posa son regard aiguisé comme un scalpel sur moi. Elle rêvait de m'ouvrir le crâne pour voir ce qui avait bien pu y germer.

— Tu vas te faire couper les oreilles ! ragea José qui jusqu'ici n'avait pas prononcé un mot. Si on apprend que j'ai aidé cette femme à vous libérer, non seulement je perds ma place chez les dragons, mais je finirai avec vous à ramer dans les galères du roi ! Robinson, je ne viens pas de te sortir de la *mierda* pour te laisser y replonger comme un imbécile !

— Il a sacrément raison, approuva mon père, sensible au juron de mon ancien maître d'armes, même proféré dans sa langue maternelle.

— Donne-moi mon épée ! Donne-la-moi, ou j'y vais désarmé. De toute façon, j'irai.

Je vis dans le sourire de José une certaine fierté à me voir ainsi sûr de mon fait. Sans doute que, pour la première fois, il estimait que mon attitude était celle d'un homme d'honneur.

Il me tendit le baudrier. Je l'ajustai à ma ceinture avant de dégainer. Je sentis une bouffée d'enthousiasme me gagner. La pointe de mon arme se dressait entre mon ancien maître d'armes et moi. La petite boule de liège qui servait à la moucheter dansait doucement en fonction des ondulations de la lame. Je retirai la mouche. José m'approuva en souriant, et ses fines moustaches formèrent un V, comme celui de ce chapitre... et de la victoire.

W

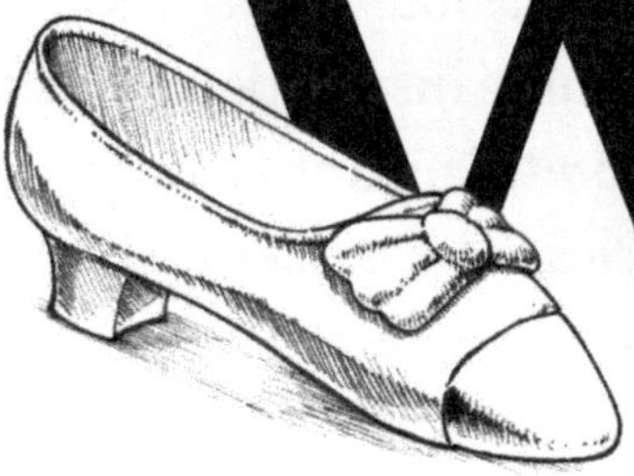

Où je fais des révélations fracassantes devant la cour

Empruntant des ruelles peu fréquentées, nous arrivâmes au seuil de Notre-Dame sans encombre. Une foule, comme le matin de mes noces, était massée devant le parvis. Un cordon de dragons interdisait le passage. Ils avaient le mousquet levé, prêts à faire feu au moindre débordement.

La tension était palpable. Parmi les gens assemblés se trouvaient aussi bien des partisans du roi que des mécontents du régime, et sans doute même quelques réformés qui avaient échappé aux arrestations.

José nous ouvrit un accès jusque devant la porte fracassée de la cathédrale. Avec son uniforme, les uns et les autres lui laissaient le passage. Il expliqua aux gardes qu'il avait été missionné par le duc de l'Impératif pour escorter la marquise des Trois Petits Points et son page (mon père était retourné à notre domaine avec le cocher de Malva). Les dragons, trop concentrés à observer les mouvements dans la foule, nous laissèrent passer.

Je me glissai discrètement dans le déambulatoire pour remonter l'édifice par les côtés, laissant la marquise et José derrière moi. Je voyais entre les colonnes les rangées de courtisans sagement assis, encore sous le coup de l'émotion. Ils avaient eu quelques heures pour se débarbouiller et remettre de l'ordre dans leur toilette, mais leur mise avait malgré tout quelque chose de défraîchi. Trop heureux d'avoir échappé au pire, ils venaient assister au triomphe du comte de la Langue de Bois. La scène était étrangement semblable à celle qui s'était tenue quelques heures plus tôt, si ce n'est qu'ils semblaient tous avoir traversé une tempête de tous les diables avant de venir… et que je n'étais pas devant l'autel au côté d'Olympe, bien sûr.

Le décor était aussi quelque peu modifié, les restes de la porte attaquée au canon gisaient encore dans l'entrée, les vitraux étaient percés de grandes trouées par lesquelles les réformés, puis les dragons, avaient donné l'assaut. Un léger nuage de poussière et un parfum de poudre flottaient encore dans l'air. Le soir était tombé et plusieurs lustres de bois garnis de chandelles avaient été hissés au plafond. Le prêtre avait retrouvé son sourire rayonnant. Il entonna son discours :

— Sire, et vous tous réunis en ce jour, nous sommes ici pour célébrer l'union de deux personnes devant la Très Sainte Langue française. L'union d'Olympe, fille d'Achille et Hélène, duc et duchesse de l'Imparfait du Subjonctif, et de Pierre-Paul-Jacques, comte de la Langue de Bois.

Je me courbai pour me faire le plus discret possible. Je profitais de chaque pilier pour me cacher en passant de l'un à l'autre le plus silencieusement possible. Il ne me restait que quelques rangées de courtisans avant de parvenir devant le chœur. Je perçus un mouvement sur ma gauche. Quelqu'un, au bout d'un des bancs de bois où étaient installés les invités, venait de remarquer mon passage. Je me tapis derrière la colonne de pierre et osai un coup d'œil. Une silhouette venait de se lever en silence pour venir dans ma direction. Je retins mon souffle.

— Nous allons procéder à l'échange des serments entre les futurs époux, poursuivit le curé.

Une main me saisit par le col et me plaqua contre la colonne, je sentis la pointe d'une lame me chatouiller désagréablement le flanc. Elle cessa presque immédiatement sa pression alors que le visage de mon agresseur s'éclairait d'un sourire amusé. Il s'agissait du vicomte de la Cédille. Il me lâcha, recula d'un pas, fit une grimace en avisant ma chemise tachée de noir (les fumées des mousquets) et de rouge (le sang de Zoltan). Il ne réfléchit qu'un instant, retira sa veste et me la tendit, ôta sa perruque pour me la placer sur la tête. J'avais comme deux oreilles qui me pendaient de chaque côté du visage. Je ressemblais à présent bien plus à un chien, mais au moins n'avais-je plus l'air d'un fugitif.

Le curé continuait :

— Pierre-Paul-Jacques, comte de la Langue de Bois, acceptez-vous de prendre Olympe pour épouse et de vivre avec elle selon les lois de la Grammaire, de l'Orthographe et de la Syntaxe ?

Le sauveur de Senonces pivota pour faire face à sa future épouse. Ses lèvres s'étirèrent en un large sourire garni de deux rangées de dents impeccablement blanches. Il allait prononcer son serment.

Olympe avait vaguement recoiffé ses cheveux mais conservait une allure débraillée. Sa robe était déchirée, un de ses pieds était nu.

Au premier rang s'alignaient le roi, la mère supérieure de la Prétérition et son air impénétrable, le duc de l'Imparfait du Subjonctif, la duchesse, et le chef des dragons, le duc de l'Impératif. Ce dernier lissait ses moustaches avec un air satisfait sans vraiment faire attention au déroulement de la cérémonie.

— Je déclare avec force avoir de l'affection pour toi jusqu'au décès de l'un de nous deux, déclara le marié.

Je tirai l'arme de mon fourreau et sortis de ma cachette pour avancer vers l'autel.

— Monsieur le comte, vous vous êtes trompé : *Je jure de t'aimer jusqu'à la mort*, voilà le texte exact !

Des exclamations étonnées fusèrent. Elles redoublèrent quand je jetai ma perruque à terre dans un geste théâtral, et que chacun me reconnut.

— Ce gamin devrait être derrière les barreaux, s'insurgea le duc de l'Impératif en se mettant debout. Arrêtez-le !

— *Je jure de t'aimer jusqu'à la mort*, répétai-je en pointant ma lame vers le comte.

J'étais à portée. Un geste et je l'embrochais.

Le comte grimaça deux fois, au mot *aimer* et au mot *mort*. Les dragons présents dégainèrent leurs armes. José sortit de derrière un pilier, l'épée au clair. Prêt à en découdre.

— Taillez ces deux-là en pièces ! rugit le duc de l'Impératif.

— Arrêtez ! On évinça ce garçon sans façon pour le jeter derrière les maçonneries de la Bastille. Qu'il donne un aperçu de sa version des faits, intervint le vicomte de la Cédille.

Quelques voix dans l'assistance s'élevèrent pour approuver ce qui venait d'être dit.

— *Je jure de t'aimer jusqu'à la mort*, dites-le ! criai-je à l'adresse du comte.

C'est alors que le roi se leva en s'appuyant sur sa canne :

— N'écoutez pas le duc, votre roi vous le dit,
Laissez ce garçon parler du complot ourdi.

Qu'allaient faire les dragons, obéir à leur chef ou à leur roi ? Il y eut une seconde de flottement où une vingtaine de lames brandies restèrent figées. Plus personne n'osait bouger. Le premier à baisser son épée fut le capitaine dont j'avais par deux fois croisé le chemin. Il faisait confiance au roi plus qu'au duc de l'Impératif qui lui avait fait perdre du galon. Un à un, les autres dragons l'imitèrent.

Pour la première fois, un sourire éclaira la face ravinée de rides de la mère supérieure au premier rang. Elle décocha un regard luisant à son rival, la Langue de Bois. Elle tenait sa vengeance.

— *Aimer, mort* : ces mots sont interdits, vociféra le comte. En tant que chef de la police de la Langue, je le déclare, ce jeune homme devra répondre de ce crime devant un tribunal !

La pointe de ma lame n'était plus qu'à quelques pouces de sa gorge.

— Détrompez-vous ! Votre loi d'*interdiction positive* ne sera promulguée qu'au prochain Conseil du roi, tout comme votre nomination de chef de la police. Pour que le mariage soit valide, il vous faut prononcer la phrase qui a encore cours aujourd'hui : *Je jure de t'aimer jusqu'à la mort.*

Le duc de l'Impératif s'avança en me menaçant du doigt.

— Baissez votre arme et rendez-vous dans l'instant, tonna-t-il. Vous êtes un fou dangereux.

— Un fou dangereux, moi ? m'exclamai-je en feignant d'être blessé par les paroles du chef des dragons.

Je m'humectai les lèvres, j'allais enfin prononcer ma phrase, celle qui m'était apparue en cellule quand j'avais compris le fin mot de cette affaire. Son verbe « manigancer », son complément d'objet direct « toute cette histoire », et son sujet, bien sûr... son sujet ! Ce qui donna dans l'ordre :

— Celui qui a manigancé toute cette histoire est le comte de la Langue de Bois. Ou devrais-je dire : Zénon !

Son regard étincela à cet instant. Je ne m'étais pas trompé. Je piquai son postiche de cheveux noirs avec ma lame pour dévoiler à tous le crâne rasé du comte.

La lettre Z était tatouée sur sa nuque. La cour poussa dans un seul souffle une exclamation de surprise.

— Il se trouve que mon tailleur m'a expliqué qu'il est impossible de porter deux perruques l'une sur l'autre. Elles ne restent pas en place et on se retrouve tête nue. Voilà pourquoi vous ne portiez jamais de perruque blanche par-dessus votre postiche. Mais ceci n'est pas un bien grand crime. Par contre, trahir le roi en organisant l'attaque de ce matin en est un. Ça ne suffisait pas, vous avez ensuite trahi les réformés en organisant avec le duc de l'Impératif la contre-attaque qui a suivi... Vous avez même assassiné votre ancien complice, Zoltan.

— Il aurait été dommage qu'il parle, grinça le comte entre ses dents.

— Il aurait été dommage qu'il *parlât,* corrigea le duc de l'Imparfait du Subjonctif depuis le premier rang.

La Langue de Bois commença à reculer lentement. Il portait une épée au côté. J'étais prêt à intervenir s'il faisait le moindre geste pour la saisir. Mais il ne chercha pas à dégainer. Au lieu de cela, il fit glisser depuis sa manche une dague qu'il pointa d'un geste vif vers la gorge d'Olympe. Celle-ci poussa un cri effrayé.

— N'avancez pas, ou je lui dessine un tréma sur la carotide !

L'effroi gagnait les courtisans : ça n'en finirait donc jamais. Quelle journée ! Bravant la menace de Zénon, j'avançai d'un pas vers lui.

— Je vais commettre un homicide, dit-il en pressant la lame contre la peau.

J'avançai encore.

— C'est aux arènes de Senonces que vous avez comploté avec Zoltan. Et dans le boudoir Vert, chez les Imparfait du Subjonctif, que vous avez préparé votre coup avec le duc de l'Impératif. Tout était soigneusement pensé. Vous avez même su improviser quand nous nous sommes par hasard croisés à l'église Sainte-Apostrophe, la semaine dernière. Mon ordre d'arrestation portait votre sceau.

Il marchait à reculons en tenant Olympe fermement contre lui. J'exposai la suite de ma démonstration :

— Il n'était pas question de partager le pouvoir avec Zoltan. Vous ne croyez pas en la force, alors vous avez rusé. C'est là que votre plan était particulièrement tordu. Vous avez fait cette proposition pour créer une police de la Langue alors que vous saviez que le roi la rejetterait. De même pour votre demande en mariage auprès du père d'Olympe, vous saviez que le duc la refuserait. Sur le moment, vous avez échoué sur les deux tableaux. Sur le moment... mais en sachant très bien qu'une fois que vous seriez le sauveur de Senonces, après la défaite des réformés, on ne pourrait vous refuser ni l'un ni l'autre.

À force de reculer, le comte se retrouva acculé au fond du chœur. Un filet de sang coulait à présent de la gorge de la mariée et perlait sur sa robe.

Une rumeur horrifiée parcourait la cour, pétrifiée. Les dragons, José et quelques courtisans se tenaient quelques pas derrière moi. Le prêtre se terrait derrière l'autel. Je poursuivis mes explications :

— Très rusé. Votre plan allait faire de vous du jour au lendemain l'homme le plus puissant du royaume. En devenant chef de la police, vous eussiez pu contrôler tout le monde, jusqu'à leur moindre parole. En vous mariant à Olympe, vous eussiez fait taire votre pire ennemi au Conseil du roi. Très rusé, mais, vous l'aurez noté, j'emploie le conditionnel passé seconde forme pour parler de votre plan. Et non du présent. Ce n'est qu'une manière un peu élégante de dire que, finalement, vous avez échoué.

— Vas-tu te taire ! hurla Zénon. Mon plan était parfait, Alexandre est un senior, son pronostic vital est engagé et moi, chef de la police, j'aurais été le candidat naturel pour me faire désigner roi.

— C'était compter sans Olympe et moi, dis-je avec un ton faussement désolé.

— Qu'est-ce qu'elle vient faire là-dedans ?

— Elle vient faire là-dedans qu'elle en a marre qu'on la prenne pour une quiche, lâcha la jeune fille en écrasant le pied de son preneur d'otage avec le talon de son unique chaussure.

Elle se dégagea de l'étreinte du comte qui grimaçait de douleur. Je me jetai sur lui, ma lame en avant. Il dévia mon coup avec sa dague. Tirant son épée d'un geste sec, il se redressa et passa à l'attaque. Je parai à mon tour. Nous échangeâmes quelques féroces passes d'armes. Déjà les dragons se précipitaient pour faire cercle autour de nous. Il était perdu.

C'est alors qu'il trancha la corde retenant par une poulie au plafond un des larges lustres de bois. S'en saisissant, il s'éleva par contrepoids en me décochant un dernier coup d'estoc. Le lustre s'écrasa sur l'autel dans un tumulte de craquements et de flammèches. Le prêtre poussa un cri horrifié alors qu'il manquait de se faire ratatiner. Le chœur plongea dans la pénombre tandis que le fuyard au bout de sa corde parvenait à la hauteur des vitraux brisés. Il se balança pour atteindre le rebord et disparaître. Des coups de mousquet retentirent. Aucun ne l'atteignit.

— On me vend pour rénover une toiture, on m'utilise pour faire la révolution et maintenant on me prend en otage : j'en ai assez ! hurla Olympe en saisissant une épée des mains d'un des dragons. Il m'a cherchée, il va me trouver !

L'un et l'autre nous nous précipitâmes pour gagner les escaliers. Une véritable cohue venait d'envahir Notre-Dame. Les dragons et les vicomtes de tout poil se bousculaient à qui mieux mieux. Certains pour prendre Zénon en chasse, d'autres pour s'échapper de cette maudite église où s'enchaînaient depuis le matin les cris et les fusillades. Alertés par les détonations, les dragons sur le parvis entrèrent prêter main-forte. La foule avança à son tour, bien décidée à voir ce qui se tramait encore chez les aristos. Les uns voulant sortir et les autres entrer, ce fut bientôt un désordre effroyable.

Déjà nous laissions derrière nous tout ce charivari pour gravir les marches qui menaient aux hauteurs de l'édifice. Olympe avait abandonné son second escarpin et courait les pieds nus avec sa robe déchirée jusqu'au genou. La jeune fille de bonne famille était loin, l'aérienne danseuse du bal de nos fiançailles avait disparu, la diaphane amante qui s'en allait rejoindre son Kristof sous les rayons de la lune était un souvenir. J'avais à présent une furie guerrière avec moi. Elle gravissait les volées de marches en grognant.

Une fois au sommet de l'escalier, une petite porte donnait sur les toits. Un panorama sur tout Senonces nous attendait.

— Il est là, dit Olympe tout en s'élançant.

Je scrutai la direction qu'elle indiquait. Dans l'obscurité, je ne repérai pas immédiatement la silhouette du comte se découpant dans la nuit. Les hauts murs de la cathédrale interdisaient de sauter, sous peine de se rompre les os. Il se dirigeait vers l'autre extrémité du bâtiment, là où les deux immenses clochers s'élevaient pour dominer la ville.

Olympe s'avança sur l'arête du toit. Deux pentes vertigineuses bordaient cette ligne. Comme une funambule, elle marchait en équilibre. Un faux pas et elle glisserait jusqu'à la mort comme un texte, quel qu'il soit – comme ce chapitre W –, se dirige inexorablement vers son point final.

X

Où j'engage mon second duel à l'épée,
en espérant qu'il se termine mieux
que le précédent

Je m'avançai à mon tour sur le toit. Aussitôt, je sentis une sueur abominable m'inonder. Déjà en plein jour j'aurais certainement très peu apprécié d'avoir à jouer au funambule, mais en pleine nuit ! Les toboggans mortels qui se présentaient devant moi de part et d'autre, je les imaginais plus que je ne pouvais les discerner.

J'étais familier des galeries souterraines, je n'avais pas peur des tunnels sombres. Par contre, me promener sur un des plus hauts points de la ville était loin d'être dans mes habitudes. Avec tout ce ciel étoilé, et ce vent, et cet air... Mes jambes flageolaient, mon cœur battait... à en exploser. Lentement, j'avançai. Un pied tenait à peine sur la largeur de l'arête du toit. Je ne voyais plus qu'une vague silhouette devant moi... Olympe. Et une autre un peu plus loin... le comte.

— Tu vas payer ! aboyait la jeune femme. Je vais te couper en deux ! C'est toi qui as embobiné Kristof ! Et c'est toi qui voulais m'épouser pour museler mon père ! Et c'est encore toi qui n'aurais pas hésité une seconde à me trancher la gorge si cela t'avait permis de t'enfuir ! Finalement, ce n'est pas en deux mais en quatre que je vais te découper !

Olympe était très en colère, certes. Pour autant, elle ne savait nullement se battre. Les filles, on leur apprend la danse ou la broderie, pas l'escrime. Elle devait se promettre en cet instant de devenir un jour la plus fine lame du Royaume du Français et de couper en rondelles chaque homme qui essaierait de l'utiliser ou de la marchander comme une vulgaire pièce de viande.

Le comte dut s'arrêter pour se tourner vers nous, car j'entendis distinctement sa voix traînante :

— Ma belle, que croyais-tu ? que j'avais demandé ta main à ton père pour tes beaux yeux ? Je m'en fiche bien de toi, de toi et de l'amour ! S'il y a des imbéciles qui y croient ! Et tu as remarqué, même le dire, ça ne me fait rien : *amour, amour, amour* ! Tout ça c'est du vent pour les gogos. *Amour, mort*, il n'y a qu'un mot important à mes yeux : *pouvoir* ! Devenir roi, oui ! Un roi puissant, un roi qui contrôle ce que les gens disent. Car contrôler ce que les gens disent, c'est contrôler ce qu'ils pensent. Et contrôler ce qu'ils pensent, c'est leur faire gober n'importe quoi ! De nouveaux impôts, une nouvelle guerre, peu importe. On ne refuse rien à un roi qui contrôle la Langue !

Je me décidai à avancer encore d'un pas.

— Et Zoltan ? Vous n'êtes pas très partageur, criai-je d'un ton que j'espérais assez détaché pour que n'y transparût pas l'horrible frousse qui me tirait par la manche en espérant me faire perdre l'équilibre.

— Zoltan était fou, il ne voulait que du sang, rétorqua le comte.

— Et vous, vous êtes avide au point de tuer votre complice !

— Capable de tout ! s'écria-t-il avec un rire sardonique. Même d'attendre tranquillement, l'arme à la main, deux jouvenceaux pour les embrocher.

-AZ-

Le choc des lames, un crissement : celui d'un pied sur la pierre. Dans la pénombre, je devine plus que je ne vois. Ils sont à quelques pas devant moi. Une nouvelle passe d'armes, Olympe pousse un cri. Pas un cri de douleur, un cri de rage. Encore ! Elle doit frapper de taille, je reconnais le son de la lame qui fend l'air. Il a paré par deux fois. Une esquive ! Les épées ne s'entrechoquent pas. Il bondit en arrière pour éviter le coup. Son pied glisse, quelques ardoises du toit se brisent sous son talon. Les débris courent le long de la pente vertigineuse.

— Tu recules ! exulte Olympe.

Les lames se croisent à nouveau.

— Ne te félicite pas trop tôt ! s'enflamme Zénon.

Il vient de frapper. Les lames, prises l'une dans l'autre, entament une lutte acharnée. J'entends leurs gémissements sous l'effort. Elle cherche à se dégager, il ne lâche pas.

— Meurs !

Une épée siffle en tournoyant dans les airs. Un bruit plus sourd demeure, je mets du temps à comprendre : il s'agit du corps d'Olympe qui tourneboule sur les ardoises. Crissement d'un tissu qui se déchire. Une masse sombre se dessine au bord du toit. Olympe se cramponne à la gouttière comme un adjectif qualificatif au nom auquel il se rapporte. Elle est vivante.

Une clameur sourde s'élève du pied de la cathédrale. À présent, les habitants de Senonces, comme les aristocrates de la cour, comme les dragons de l'armée, se massent autour de l'édifice. Un bruissement inquiet déferle sur la foule. Olympe, suspendue dans le vide, vient d'apparaître dans la lumière en contrebas.

Je me retrouve seul face à Zénon. Il est là, à quelques pas, invisible dans l'obscurité. Nous sommes perchés comme des funambules au sommet de cette masse sombre noyée dans une mer de torches. D'ici on voit nettement se dessiner la forme de la place et des rues qui en partent, toute la ville attend que l'un de nous s'écrase sur le pavé.

Peu à peu, il m'apparaît. D'abord ses épaules se dessinent, puis son crâne chauve. Sa lame scintille. En un pas chassé, l'un peut être sur l'autre. Je préfère subir l'assaut. Je me prépare. Il avance encore. Il est si près à présent. En une fente, je le touche... je pourrais. Mais si je le manque ? Mon équilibre sera fragile. Il avance encore. Je peux discerner son sourire carnassier dans la nuit.

Son bras se détend comme un serpent. Je dévie le coup. Mes jambes tremblent mais je réponds. Plusieurs coups, légers mais rapides. Ses gestes, son attitude : c'est un bon escrimeur. Il repasse à l'attaque, affûte ses coups. Il sait que, comme tout damoiseau de famille noble, je sais manier la rapière. Il ne peut, comme avec Olympe, expédier l'affaire.

Aucune mouche à la pointe de mon épée.

Mon premier vrai combat.

Il appuie ses coups. Mais je ne recule pas. Il frappe encore, encore, plus fort. Chaque fois que sa lame s'abat sur la mienne, le choc me vrille les bras. Mais j'avance malgré tout. J'applique ce que José m'a appris. Je ne cherche pas à le toucher, simplement à gagner du terrain. Nous parvenons à un parapet qui marque la séparation avec la partie plate entre les deux clochers. Sur ce terrain, je serai plus à mon aise. Je force le passage, espérant le faire chuter. Mais au contraire, c'est moi qui perds l'équilibre et bascule en avant.

Il tente de me poinçonner comme un collectionneur de papillons. Mais je roule sur le côté. La plate-forme est encombrée de gargouilles, de piliers, de murets, mais au moins nous ne risquons plus une chute mortelle à chacun de nos mouvements. Nous tournons autour d'une tige en métal surmontée d'un A majuscule, symbole de l'Église. Un coup à gauche, un coup à droite. De rage, il finit par balayer de sa lame l'obstacle, le coupant net. Le A en bronze tinte sinistrement sur le sol en tombant.

Déjà, il gagne les escaliers et s'élance vers un des clochers. Pas question pour lui de descendre, une armée de mousquets n'attendent que lui. Qu'espère-t-il ? Certainement me faire la peau avant de vendre chèrement la sienne. D'un saut je gagne la première marche. À force de coups d'estoc qu'il destine à mon cœur et de coups de botte qu'il promet à mon nez, il parvient à gravir les marches jusqu'aux cloches. Les immenses masses de métal pendent, immobiles, dans un dédale de passerelles de bois, aussi exiguës que branlantes.

Je ne le vois pas. J'avance sur l'étroit pont entre deux des énormes cloches. De chaque côté s'ouvre un puits qui semble sans fond. Un vertige me monte de la plante des pieds à la racine des cheveux. Le temps de dire : mais où est donc Ornicar ? Ou plutôt : Zénon ?

Je vacille. Je dois me soutenir à une des cloches qui bascule sous mon poids ; ouvrant un gouffre béant. Je me redresse aussitôt. Tout est mouvant autour de moi. Je dois faire un effort pour ne pas céder à la panique. Encore quelques pas. Je le devine, devant.

Il s'élance, frappe. Je tiens bon. Il cogne, je tombe dans le trou entre la cloche et la passerelle. Par miracle je m'agrippe à la corde. La cloche se balance doucement, à peine ébranlée, comme une grosse bête dont on aurait, un bref instant, perturbé le sommeil. Au deuxième balancement, entraîné par mon poids le battant effleure le bronze. Bong !

— Tu ne veux pas mourir, on dirait. Et pourtant...

Il se met à genoux, tend sa lame vers la corde, arme son bras. D'un coup sec, il va la trancher. N'a-t-il pas coupé d'un geste la tige métallique tout à l'heure ? Je vois dans la pénombre son regard étincelant de haine. Il me tient.

Ses yeux grossissent soudainement, comme s'ils cherchaient à sortir de leur orbite. Il lâche son arme, pousse un grognement de douleur... et bascule dans le vide.

— Va en enfer ! hurle-t-il en s'évanouissant dans le gouffre obscur.

Il disparaît comme un mauvais rêve quand on s'éveille. Sur la passerelle, Olympe se penche vers moi. Elle tient encore à la main la tige de métal surmontée de son A avec laquelle elle vient de frapper Zénon, à l'endroit exact de son tatouage. Le A et le Z se sont rencontrés pour un court instant. Un choc aussi terrible que si l'alphabet venait soudainement de se comprimer.

Derrière Olympe, José sourit :

— Tiens bon, on va chercher de l'aide !

Épilogue

Un re-[redacted] *de re-mariage*

Où Olympe jure à qui mieux mieux

Quelques jours plus tard, après le Conseil du roi, notre carrosse quittait Dupailles pour se rendre au domaine des Imparfait du Subjonctif. Il n'avait pas été question une seule fois de la loi d'*interdiction positive*, ou de la création d'une police de la Langue. Par contre, on avait longuement discuté du sort à réserver aux insurgés.

Personne ne souhaitait plus évoquer, d'une manière ou d'une autre, le comte de la Langue de Bois, alias Zénon. D'autant qu'en cherchant en contrebas des cloches de Notre-Dame de Senonces, son corps était demeuré introuvable. Le bâtiment avait été soigneusement fouillé – un peu comme un texte dont on passe en revue chaque mot pour être certain qu'aucune faute d'orthographe ne s'y est glissée – sans succès. Un vrai mystère.

Le Conseil du roi vit le triomphe du duc de l'Imparfait du Subjonctif, alors que celui de l'Impératif se faisait tout petit derrière ses moustaches. Il avait un peu trop fricoté avec la Langue de Bois pour la ramener. Un nouveau venu, prenant le siège laissé vacant par ce dernier, fit une entrée remarquée : le vicomte de la Cédille. Il avait su habilement faire savoir que, grâce à son aide, j'étais parvenu à pénétrer dans la cathédrale. Sans lui, je n'aurais pu révéler à la cour le véritable visage du futur chef de la police. Pour m'avoir offert son manteau et sa perruque, il était devenu le sauveur du royaume !

Mais il faut d'abord raconter la fin de cette fameuse nuit où j'ai affronté Zénon. Il s'en fallut de peu que je finisse à nouveau aux galères. Décroché de ma corde par les dragons, ceux-ci voulaient me renvoyer aussitôt à la Bastille. Pourtant, dès mon apparition devant la foule, mon nom commença à fuser. Le mouvement était parti des trois lavandières qui m'avaient reconnu.

— [redacted], c'est notre petit Robinson ! avait caqueté l'une.

— [redacted], les dragons nous l'ont arrêté ! avait coassé la deuxième.

— [redacted], pourtant c'est quand même grâce à lui qu'on va pas être obligé de causer comme des manches à balai, avait conclut la dernière.

— Triple [redacted] pour Robinson ! s'étaient-elles écriées.

— Triple [redacted] pour Robinson ! Triple [redacted] pour Robinson ! reprit en chœur la foule.

Voyant le peuple qui m'acclamait, on ordonna de me convoyer rapidement à ma cellule. Seulement, il était impossible pour mon escorte de traverser la place sans craindre un mauvais coup. Nous restâmes coincés sur le parvis sans pouvoir avancer. La mère supérieure chuchota à l'oreille du roi et bientôt, pour calmer la populace, on décida de me porter en triomphe. Une seconde avant, j'avais quatre dragons autour de moi pour me tenir à l'œil. L'instant d'après, les mêmes me soulevaient sous les acclamations.

Depuis ce jour, ma famille fut un peu mieux considérée. Même parmi les aristocrates, un véritable parti se forma pour nous défendre (mené par le vicomte de la Cédille, bien sûr). On entendait un peu plus de jurons qu'avant dans les conversations des courtisans. Même les anciens fidèles du comte de la Langue de Bois/Zénon, prêts à aligner les *tris sélectifs*, les *projets d'avenir* et autres *vivre ensemble*, faisaient comme s'ils n'avaient jamais fréquenté le sinistre individu.

Mon père n'avait, du même coup, jamais autant gagné d'argent, car, depuis les princes jusqu'aux lavandières, le gros mot était devenu à la mode !

Malgré mes exploits et ma notoriété nouvelle, mon cher père n'avait pas renoncé à son idée de mariage. Et malheureusement le duc de l'Imparfait du Subjonctif non plus. Aussitôt l'émotion passée et les poursuites levées contre nos familles, ces deux-là s'entendaient à nouveau pour nous unir, Olympe et moi. À leur avis, cette brillante idée l'était encore plus à présent qu'elle et moi passions aux yeux de tous pour des héros. Tellement brillante qu'elle en devenait aveuglante pour les deux hommes. Un tel couple ne pouvait connaître qu'un destin extraordinaire à la cour, disaient-ils. Ils ne voyaient pas, malgré l'évidence, que nous ne voulions pas nous marier. Ils n'entendaient pas, malgré nos plaintes répétées, que nous refusions tout net de le faire.

Il fallait agir. Avec Olympe nous avions mis au point un plan pour en finir, une bonne fois pour toutes.

Le déjeuner où nous nous rendions donc, ce jour-là, après le Conseil du roi, était le moment idéal pour l'appliquer. Nos partisans étaient invités, une douzaine de nobles : le baronnet de l'Allitération, le baron de l'Anaphore, entre autres. Et le vicomte de la Cédille, bien sûr. Malva des Trois Petits Points était là également. Je notai avec quelle habileté elle esquivait mon père durant tout le repas sans pour autant donner l'impression de l'éviter. Je me demandais bien, ce qu'il y avait entre ces deux-là ! Le duc se leva :

— Mesdames et messieurs, commença-t-il en ajustant son monocle, je suis heureux de nous voir tous réunis ici, sains et saufs, après les terribles événements que nous venons de connaître. J'aurais voulu que les noces de Robinson et Olympe pussent se dérouler sans incident dès la première tentative. Mais le sort, et les révolutionnaires, en décidèrent autrement. Je lève mon verre pour que la seconde soit couronnée d'autant de succès que la première le fut de déconvenues.

— Oui, espérons que ce [redacted] de mariage se passera au mieux, s'exclama Olympe en trinquant.

Mon père ne put retenir un soupir attendri en entendant sa

future belle-fille parler de la sorte. Autour de la table, les invités eurent de petits rires. Amusés pour certains, gênés pour d'autres. Quant à la duchesse, elle sursauta de stupeur.

— A-t-on articulé une irritante tirade ? marmonna le baronnet de l'Allitération.

— Je suis bien d'accord, approuvai-je en esquissant un salut de la tête. Un [redacted] de mariage ! Le premier était vraiment trop [redacted].

— Oh ! ça oui ! Vraiment trop [redacted] ! répéta Olympe en étouffant un petit rire.

— Chérie ! s'offusqua encore la duchesse qui, cette fois, était certaine d'avoir bien entendu.

Les convives demeuraient silencieux, sirotant leur verre de vin en profitant du spectacle. Seul le baron de l'Anaphore se permit de déclamer :

— Offusquée, la mère reproche à sa fille son langage. Offusquée, elle blâme son gendre. Offusqués, les invités se demandent quelle tournure vont prendre les événements.

— C'est vrai Olympe, dis-je sans faire attention aux commentaires de l'autre bout de la table, je crois que nos invités sont un peu inquiets à l'idée de retourner à la cathédrale. Mettre leurs beaux habits pour se faire tirer dessus au canon !

— Il faut dire ce qui est, ils doivent en avoir plein le [redacted].

— Olympe ! coassa la duchesse.

— T'as bien raison, mon [redacted], les révolutions, les contre-révolutions, c'est vraiment pas la joie.

— Olympe ! Cesse tout de suite de t'exprimer de la sorte. Que signifie ce vocabulaire ?

— Elle l'appelle « mon [redacted] », s'émut mon père (je crus qu'il allait se mettre à pleurer de joie). Ne lui en voulez pas, madame, c'est une tradition chez les Jurons.

— Nous nous insultons, expliquai-je. C'est affectueux. Par exemple, j'ai décidé d'appeler Olympe, ma petite [redacted].

Les invités ne purent retenir des murmures scandalisés. Même le vicomte de la Cédille, qui en avait vu d'autres, ouvrit la bouche de surprise, sans trop savoir s'il pouvait se permettre de rire sans froisser le duc et son épouse.

— Comme c'est mignon ! Ma petite [redacted], tu ne trouves pas, maman ?

La duchesse se sentait mal, elle étouffait, se leva, se rassit, ouvrit le premier bouton de son corsage, se leva à nouveau, fit trois pas vers la porte, puis demi-tour vers une des grandes fenêtres qu'elle essaya d'ouvrir sans succès. Ignorant l'agonie de sa mère, Olympe en rajouta une louchée :

— Je vais bientôt être une Jurons. Il est normal que je parle comme eux, crénom de [redacted] de [redacted] à [redacted] ! Et franchement, c'est bien plus marrant que l'Imparfait du Subjonctif : *qu'ils ployassent, que nous moulussions, que tu dusses...* Franchement, nous devrions faire comme eux et nous donner des surnoms affectueux. Je pourrais appeler papa *le balai à* [redacted], non ?

Le duc, qui jusque-là était resté interdit devant la nouvelle manière de parler de sa fille, sursauta. Il se tenait droit comme un I, la bouche ronde comme un O. On aurait pu croire qu'il venait d'avaler le balai en question. La duchesse, levant les yeux au ciel, râlait comme si elle cherchait à recracher un rat qu'elle aurait avalé par mégarde. Empoignant son verre de vin, elle le descendit d'une traite. Ce n'était visiblement pas suffisant pour la calmer, elle se servit à nouveau en tremblant, maculant la nappe de taches rouges.

— Quant à toi, je pourrais peut-être t'appeler..., continua Olympe avec une certaine jubilation.

— Tais-toi ! hurla la pauvre femme, si fort que sa perruque se mit de travers et que je pus sentir son haleine chargée d'alcool de là où j'étais. Tu ne traiteras jamais ton père de balai à oua-oua, compris ? Je te l'interdis, je t'interdis de parler comme ce... ce...

Elle faisait de grands gestes vers moi sans trouver un mot suffisamment insultant et qui en même temps ne fût pas précisément une abominable grossièreté. Elle abandonna la partie et changea d'optique :

— Olympe, Robinson, mesdames et messieurs, je suis désolée de vous le dire, mais nous allons devoir annuler le mariage.

— Oh non ! fîmes-nous en chœur, ma complice et moi. Vous n'allez pas annuler le mariage ce serait vraiment trop [redacted] !

C'était la goutte d'eau qui mit le feu aux poudres. Elle en avait ras la coupe est pleine. Tant va le bouchon à l'eau qu'à la fin il dépasse les bornes. La duchesse bondit de son siège et commença a renvoyer les invités les uns après les autres.

— Excusez-moi mais le déjeuner est écourté, je vais vous demander de sortir.

Le duc tenta bien de l'en empêcher mais elle le foudroya du regard. Il se contenta de rester assis en essuyant son monocle avec sa serviette de table.

— Plus de mariage, plus de Jurons, plus rien... Je suis navrée... Au revoir, madame, à bientôt, monsieur, une autre fois peut-être... Vous avez encore faim ? prenez un bout de pain pour la route...

Elle ne se démonta pas et, en moins de temps qu'il ne faut pour épeler le mot *expulsion*, nous étions à la porte du château. Il ne restait à l'intérieur que le duc et la duchesse, même le majordome avait été mis dehors. Nous pouvions entendre les éclats de voix des époux. Ouvrez les guillemets : « *Moi vivante, ma fille n'épousera pas un Jurons !* »

Lui tentait de la raisonner mais sans succès. Il n'y aurait pas de mariage, point, à la ligne.

Mon père fulminait. Son œil gauche, énorme, aurait bien aimé me donner des baffes. Tandis que son œil droit, minuscule, aurait préféré m'écraser son talon sur les orteils. Heureusement qu'un regard ne peut pas vous tuer, car un infanticide aurait été commis ce jour-là.

— Tu l'as fait exprès, corniaud, triple andouille ! Tu l'as fait exprès pour faire capoter ce mariage ! Je vais te...

Il manquait d'étouffer. Le vicomte de la Cédille s'était placé entre nous au cas où. Même Malva s'était approchée du chevalier pour essayer de le calmer.

— Riton..., souffla-t-elle en lui adressant un de ses sourires en forme de cœur.

– AZ –

Mon père calmé, je préférai malgré tout m'éloigner un peu. Je proposai mon bras à Olympe. Une fois à l'écart, je la félicitai pour la manière tout à fait convaincante avec laquelle elle avait employé toutes ces grossièretés. Elle mima une petite révérence en se retenant de rire.

— Je ne m'en sentais pas capable mais, finalement, c'était assez drôle. Que d'aventures ! J'aurai même vu ma mère envoyer paître mon père !

— Oui, que d'aventures ! Ça n'a pas toujours été facile. Par ta faute, j'ai manqué me faire manger par une meute de chiens, trouer la couenne par une escouade de dragons, égorger par un détrousseur, embrocher par mon ancien maître d'armes, estropier par la révolution, embastiller par la contre-révolution, ratatiner en jouant au funambule sur les toits de Notre-Dame et poinçonner par le machiavélique Zénon.

— Je pourrais aussi te faire une liste. Crois-moi, être la promise de Robinson des Jurons, ce n'est pas de tout repos non plus.

J'étais embarrassé par ses grands yeux bleu pâle.

Ses joues rosirent légèrement pour donner un peu de vie à tout ce marbre blanc.

— Bon, je suis heureuse d'en avoir fini avec tout ça. Faisons-nous la promesse de ne plus jamais nous revoir, dit-elle en me tendant la main.

— Avec grand plaisir, je jure de ne pas t'aimer jusqu'à la mort.

Elle eut un petit rire, léger comme le premier chant des oiseaux au matin.

— Je jure de ne pas t'aimer jusqu'à la mort, répéta-t-elle.

Ce n'était pas la première fois que nous mentions l'un et l'autre depuis le début de cette histoire. Une nouvelle fois, nous venions de prononcer un serment que nous n'allions pas respecter. Sur le moment, Olympe était sincère, je n'en doute pas. Pour ma part, je trichais déjà un peu car, je dois l'avouer, quand nos mains s'unirent pour se serrer et que le contact de sa peau fit frissonner jusqu'au dernier poil de ma perruque, j'étais déjà un peu amoureux.

Où je termine mon récit à la lettre Z, tout en mettant l'O à la bouche

— Alors, Sa Majesté a-t-elle fini d'écrire son histoire ?

Voilà ce que me sort Gaspard ce matin ! Non mais ! Il est au courant de tout, grâce à Fleur me dit-il.

— Fleur ? C'est votre rhume des foins qui vous reprend ?

— Non, sire, je parle de votre femme de chambre, Fleur.

Je suis très contrarié, parce que Gaspard m'a percé à jour, et d'une. Et parce que cette charmante jeune fille que je croyais ma complice m'a trahi, de deux.

— Gaspard, vous m'agacez. On n'ajoute pas un nouveau personnage au dernier chapitre. Ça ne se fait pas. D'accord, j'ai déjà causé de la femme de chambre mais sans préciser son prénom... que de toute façon je ne connaissais pas ! Et puis je n'avais pas encore révélé que le vieux croûton qui bavasse depuis le début était l'actuel roi du Français. Je gardais ça pour la fin.

— Mais, sire, vous *êtes* à la fin ! Le chapitre Z.

— Ah ! Gaspard, vous m'échauffez les oreilles ! C'est encore moi qui décide quand j'en aurai fini. Et puis, comment vous le savez, que j'en suis au chapitre Z ? Vous avez lu mon manuscrit ?

— Oui, sire,... grâce à Fleur.

— Encore elle ! Je la ferais bien embastiller, celle-là, ça lui apprendra. Je suis encore le roi, non ? C'est de la haute trahison !

— Ne lui en voulez pas, sire. J'ai été très insistant. Je tenais absolument à savoir la suite de vos aventures au fur et à mesure.

— C'est vrai ?... Ça vous a plu ?

Et l'autre de flagorner, de me dire que c'était passionnant, vif, haletant, drôle et je ne sais plus quoi. Gaspard critique littéraire, ça me fait bien marrer ! Bon, il me connaît aussi. J'ai marché. Il existe deux types de rois : ceux qui veulent être craints (comme Alexandre I) et ceux qui veulent être aimés (comme moi). Mais tous ont un point commun : ils adorent la flatterie. Un roi qui n'aurait que du dégoût pour les flatteurs, les complimenteurs et autres lèche-[redacted] de tout acabit, ne pourrait pas régner. C'est aussi simple que ça. J'avoue, j'aime qu'on me caresse dans le sens du poil. Gaspard le sait, et il m'a eu.

— Cependant, sire, Fleur et moi pensons qu'il reste des zones d'ombre dans votre récit.

— Des zones d'ombre ? Voyez-vous ça !

— Vous auriez pu raconter bien d'autres choses encore. Sur la marquise des Trois Petits Points et votre père, par exemple, sur la disparition du sinistre Zénon, ou...

— Ou sur vous, Gaspard ? Vous regrettez que je ne parle pas de notre rencontre ? Ne rougissez pas, avec votre gros pif vous êtes suffisamment moche comme ça.

Oui, j'ai gardé cette vieille tradition familiale d'insulter les gens qui me sont chers. J'aime beaucoup Gaspard pourtant, un peu comme un fils. Le jour où j'écrirai son histoire, on comprendra pourquoi. Il le sait d'ailleurs. Et il ne le prend pas mal.

— Ce seraient de belles histoires à raconter, approuvai-je. Tu as raison, il y a encore bien des choses à dire sur Malva, Zénon, José... et Olympe, sans doute.

Olympe. J'ai écrit ce nom tant de fois au fil de ces pages, mais de le prononcer... ça fait si longtemps. Gaspard a bien vu que ça me gonflait la poitrine de chagrin de simplement l'évoquer devant lui.

— Vous aurez le temps d'écrire la suite, sire. Je ferai en sorte que cela soit possible.

Ça m'a filé un coup quand il a dit ça. Comme s'il pouvait reculer l'échéance, le point final. Il a dit ça pour me rassurer, mais je sais bien que j'ai passé le cap. J'ai dix ans de plus qu'Alexandre I au moment de l'histoire que je viens de raconter. Ce que c'est que d'être vieux.

— Il ne faut rien dire à mes enfants, promis ? Ils rayeraient tous mes jurons. Je les connais, ils ont honte de leurs origines. Ils esquinteraient à coups de ratures mon manuscrit en moins de temps qu'il ne faut pour dire : [redacted] de [redacted] de [redacted], ça c'est une [redacted] de bonne journée qui s'annonce !

— Je ne dirai rien, sire. Votre texte restera comme vous l'avez écrit, je vous le promets.

— C'est vrai ? Chaque [redacted] de mot ?

— Chaque [redacted] de mot, sire.

— Dans ce cas, il ne m'en reste plus qu'un à écrire :

Fin.

Quelques personnages rencontrés dans ce livre

Personnages principaux :

LES JURONS
Riton, chevalier des Jurons
Robinson, Tartempion, son fils

LES IMPARFAIT DU SUBJONCTIF
Achille, duc de l'Imparfait du Subjonctif, membre du Conseil du roi
Hélène, duchesse de l'Imparfait du Subjonctif
Olympe, leur fille

- Alexandre I, roi du Français
- Ambroisie, mère supérieure de l'ordre de la Prétérition
- Aldolph, duc de l'Impératif, membre du Conseil du roi, chef des dragons de Sa Majesté
- Malva, marquise des Trois Petits Points
- José Tildé de la Jota y Carnamelio, maître d'armes puis dragon de Sa Majesté
- Kristof, réformé flamboyant

Mais aussi, chez les courtisans :

- Adalbert, duc du Complément d'Objet Indirect (Chapitre G)
- Adam, comte des Compléments Déterminatifs (Chapitre T)
- Dalbert, duc du Complément d'Objet Direct, membre du Conseil du roi (Chapitre G)
- Eliot-Elioth-Elliot, comte des Homonymes (Chapitre T)
- Flèche, baronnet du Tutoiement (Chapitre B)
- François, vicomte de la Cédille (Chapitres C, E, H, S, V, W, Y)
- Harpagon, vicomte du Vouvoiement (Chapitre B)
- Jean-Jean, vicomte du Pléonasme (Chapitres B, T)
- Jérémie, vicomte de l'Auxiliaire Avoir (Chapitre G)
- Jérôme, vicomte de l'Auxiliaire Être (Chapitre G)

- Jetuil, maréchal du Sujet (Chapitre G)
- Louis Luiz Luis, chevalier de Polyptote (Chapitre G)
- Maximilienne, baronne des Verbes Pronominaux (Chapitre G)
- Mimile, baron de l'Argot (Chapitres G, S)
- Otto, baronnet des Palindromes (Chapitres C, S)
- Pan, baron de l'Onomatopée (Chapitre T)
- Paul ! Monsieur de l'Exclamation (Chapitres B, H, T, V)
- Pierre-Paul-Jacques, comte de la Langue de Bois, membre du Conseil du roi (Chapitres D, J, T, U)
- Théodore-Théophile, baron de l'Anaphore (Chapitres V, Y)
- Victor-Vivien, baronnet de l'Allitération (Chapitres V, Y)

LA FAMILLE DU PARTICIPE PASSÉ (Chapitres G, T)
Charles-Aimé, comte du Participe Passé
Anne-Aimée, comtesse du Participe Passé
Anne-Cassiopée, Anne-Irénée, Anne-Élysée, leurs filles
Charles-André, Charles-René, leurs fils

LA FAMILLE DES AVÈQUIX (Chapitre G)
Lou, vicomte du Avèquix
Marilou, vicomtesse du Avèquix
Bijou, Caillou, Hibou, Joujou, Chou, Genou, Pou, leurs enfants

Sans oublier, chez les roturiers :

- Aimable, curé de Notre-Dame de Senonces (Chapitres R, S, T, W)
- Blaise, capitaine des dragons de Sa Majesté, puis chef de la Bastille (Chapitres K, P, Q)
- Causette, petite fille miséreuse du vieux Senonces (Chapitres N, O, P)
- Coquille, Coquine et Coquette, lavandières (Chapitres B, O, S, V, Y)
- La Rature, coupe-jarret du vieux Senonces (Chapitre O)
- Jaouen, tailleur à la mode (Chapitre B)
- Zénon, allié mystérieux de Zoltan (Chapitres N, O, W, X)
- Zoltan, chef des réformés (Chapitres N, T)

Quelques passes d'escrime

Planches de l'*Encyclopédie* de Diderot et d'Alembert, XVIIIe siècle.

Exemple d'attaque dite « à l'Espagnole » du type de celle apprise par Robinson auprès de son maître d'armes

Exemple de riposte

Exemple de désarmement

Exemple d’attaque basse

Exemple de parade haute

Exemple d’esquive et riposte simultanée

Quelques informations sur

L'auteur :

Tristan PICHARD, 37 ans, vit à Quimper, où de libraire-bouquiniste il est passé auteur jeunesse avec la collection de romans jeunesse « Magicus Codex ». Très présent sur les salons, dédicaces et animations scolaires, il s'est fait un nom et publie désormais aussi chez Bayard Presse, Milan... Et chez Locus Solus en 2013 pour la collection « Les enquêtes de John Dœuf » (illustrée par Christophe Boncens) ainsi qu'un recueil de contes : *Contes traditonnels bretons* (illustrés par Loïc Tréhin) et une BD collective : *Égaux sans ego* (au storyboard).

http://tristanpichard.wix.com/auteurjeunesse

Les illustrateurs :

LEMATOU, illustrateur et auteur de bande dessinée basé à Lyon.
Il a notamment signé le cycle : *Histoire des plus fameux pirates* (avec Frédéric Brrémaud, d'après Daniel Defoe) T. 1 : Capitaine Kidd ;
T. 2 : Barbe-Noire (éditions Delcourt, 2009 et 2010).

Nils JORGENSEN est un graphiste et illustrateur en presse et communication, basé à Rennes.

Table des matières

In Memoriam

Merci pour ton soutien.
Merci pour tes encouragements.
Merci pour tes trouvailles (comme le titre de ce roman).
Merci pour ton oreille attentive à mes petits tracas de raconteur d'histoires.

Et une anaphore pour la route !
Comme le manque de ta présence qui toujours revient.

Bonne nuit, mon amour.

Cet ouvrage a été imprimé en France par

CPi
BUSSIÈRE

à Saint-Amand-Montrond (Cher)
en août 2013

Correction : Guy Fournier, Lionel Durand
Relecture, mise en page : Julia Brétéché
Photogravure : Procolor, Quimperlé (Finistère)
Impression : CPI Bussière, Saint-Amand-Montrond (Cher)

Dépôt légal 3e trimestre 2013
N° d'impression : 2003845